어선영어의 진짜 기초 영어
어선영어의 진짜 기초 영어 파닉스편
가장 쉬운 독학 일본어 첫걸음
가장 쉬운 독학 중국어 첫걸음
가장 쉬운 독학 프랑스어 첫걸음
가장 쉬운 독학 독일어 첫걸음
가장 쉬운 독학 태국어 첫걸음
가장 쉬운 독학 스페인어 첫걸음
가장 쉬운 독학 베트남어 첫걸음
JLPT 일본어 능력시험
新HSK 한 권이면 끝!
가장 쉬운 초등 영어 읽기
가장 쉬운 영단어 따라 쓰기
가장 쉬운 초등 필수 파닉스

새로운 도서, 다양한 자료 동양북스 홈페이지에서 만나보세요!

www.dongyangbooks.com
m.dongyangbooks.com

※ 학습자료 및 MP3 제공 여부는 도서마다 상이하므로 확인 후 이용 바랍니다.

홈페이지 도서 자료실에서 학습자료 및 MP3 무료 다운로드

PC

❶ 홈페이지 접속 후 도서 자료실 클릭
❷ 하단 검색 창에 검색어 입력
❸ MP3, 정답과 해설, 부가자료 등 첨부파일 다운로드

* 원하는 자료가 없는 경우 '요청하기' 클릭!

MOBILE

* 반드시 '인터넷, Safari, Chrome' App을 이용하여 홈페이지에 접속해주세요. (네이버, 다음 App 이용 시 첨부파일의 확장자명이 변경되어 저장되는 오류가 발생할 수 있습니다.)

❶ 홈페이지 접속 후 ☰ 터치

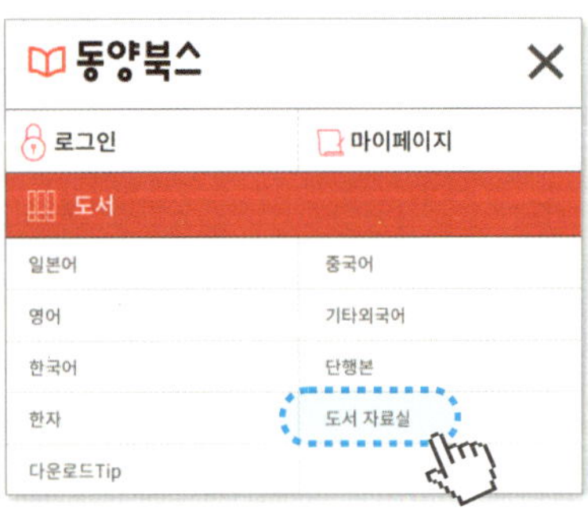

❷ 도서 자료실 터치

❸ 하단 검색창에 검색어 입력
❹ MP3, 정답과 해설, 부가자료 등 첨부파일 다운로드

* 압축 해제 방법은 '다운로드 Tip' 참고

일본어뱅크

Open

オープン日本語

일본어

정의상 · 정일영 · 후지모토 도시가즈 지음

2

동양북스

일본어뱅크

Open 일본어 2

オープン日本語

초판 7쇄 | 2025년 8월 20일

지은이 | 정의상, 정일영, 후지모토 도시가즈
발행인 | 김태웅
책임 편집 | 길혜진, 이서인
디자인 | 김지혜, 강재은
일러스트 | 신은영, illustrong
마케팅 총괄 | 김철영
온라인 마케팅 | 신아연
제 작 | 현대순

발행처 | 동양북스
등 록 | 제2014-000055호
주 소 | 서울시 마포구 동교로22길 14 (04030)
구입 문의 | 전화 (02)337-1737 팩스 (02)334-6624
내용 문의 | 전화 (02)337-1762 dymg98@naver.com

ISBN 978-89-8300-762-9 14730
978-89-8300-760-5 14730 (세트)

머리말

『open 일본어2』는 입문 과정, 즉 문법적으로는 일본어 동사나 형용사의 일부 활용 정도의 레벨까지 공부한 초급 학습자들을 위한 일본어 초급 교재입니다.

본 교재는 기본적으로 초급 단계의 학습에 꼭 필요한 문형 및 문법 사항, 필수 어휘를 완벽하게 숙지할 수 있도록 전체 12과로 구성되어 있습니다.

각 과는 먼저 다이얼로그의 뼈대를 이루는 문형 및 신출 어휘를 공부할 수 있는 'Pattern Practice'와, 일본 여행 및 일본 생활에 관련된 테마를 중심으로 작성된 Dialogue로 구성해 실생활에 필요한 초급 단계의 실용 일본어 회화를 숙지할 수 있도록 해 놓았습니다. 다음으로는 각 과의 다이얼로그에 나오는 문법 사항과 실용 표현을 종합적으로 연습할 수 있도록 'Grammar Preview'를 만들어 놓았습니다.

또한 각 과의 학습 내용을 다시 한 번 확인하고 연습할 수 있는 'Review'는 문형 및 문법 사항을 복습할 수 있는 '구문연습', 일러스트와 회화문을 이용해 복습할 수 있는 '회화연습', 일본어 작문을 통해 복습할 수 있는 '작문연습', N3, N4 수준의 일본어 능력시험을 간단히 맛볼 수 있는 '심심풀이 JLPT', 긴 문장을 통해 학습 내용을 복습할 수 있는 '독해연습'의 5개 파트로 구성해, 앞에서 학습한 내용을 종합적으로 흥미롭게 복습할 수 있도록 하였습니다.

각 과의 마무리 부분은 일본 생활에서 많이 쓰이는 회화 표현 및 어휘 등을 사진이나 일러스트를 통해 쉽게 이해하고 학습할 수 있도록 하였으며, '쉬어가기' 코너에서는 각 과의 테마에 관련된 일본의 관광, 여행, 문화 정보 등 다양한 일본 관련 정보를 소개해 놓았습니다.

본 교재를 통해 입문 과정을 마친 학습자 여러분이 초급 단계 일본어 학습에 필요한 문형, 문법, 어휘, 회화를 효과적이고 체계적으로 숙지함과 동시에 문화 관련 정보를 습득하여, 이를 토대로 실제로 일본인과 대화할 수 있는 능력을 배양하는 계기가 마련되길 바라는 바입니다.

끝으로 본 교재의 출판에 도움을 주신 김태웅 사장님을 비롯해, 편집부 · 마케팅부 직원들에게 진심으로 감사드립니다.

저자 일동

이 책의 차례

c o n t e n t s

일러두기

Pattern Practice 1, 2

각 과에서 다루는 주요문형을 미리 이해하고 연습할 수 있으며, Dialogue에서 다루는 문형을 미리 연습할 수 있습니다. 다양한 단어와 화제를 바탕으로 문형 연습을 할 수 있도록 구성했습니다.

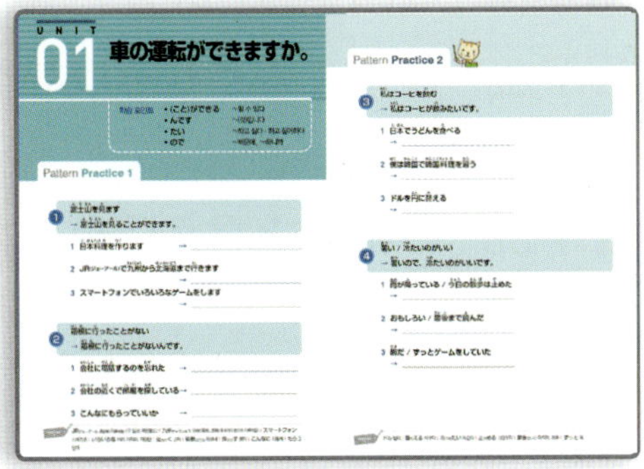

Dialogue 1, 2

한 과의 본문을 Dialogue1, Dialogue2로 나누어 일본 관광과 일상생활에 관련된 내용을 회화문으로 구성하여, 간단한 회화를 통해서 쉽게 실용적인 문장을 익힐 수 있습니다.

Grammar Preview

각 과에서 중요하게 다루는 문형 및 문법사항을 실었으며, 문법에 관한 다양한 예문도 함께 다루어 효과적으로 문법을 연습할 수 있습니다.

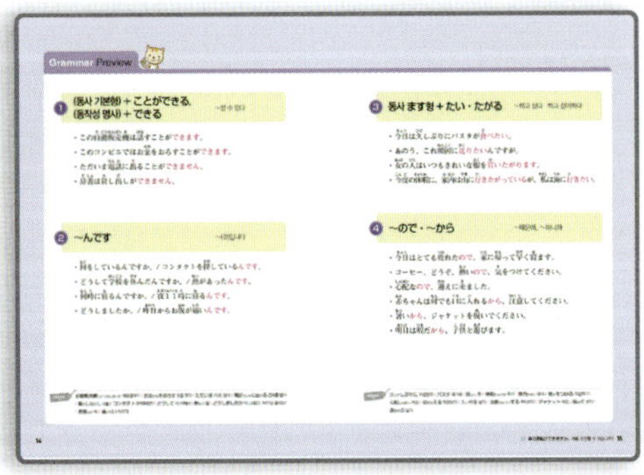

p r e v i e w

Review

각 과에서 배운 내용을 확인하고 복습할 수 있도록 연습문제를 구성했습니다. 빈칸 채우기, 그림문제, 작문, JLPT 문제, 독해연습 등 다양한 유형의 문제를 통해 학습한 내용을 점검할 수 있습니다.

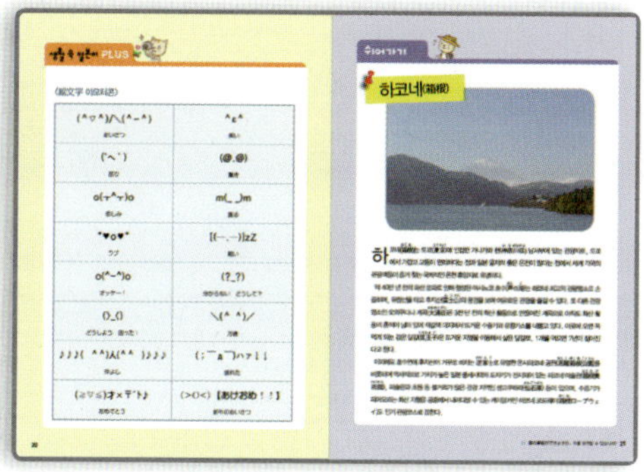

생활 속 일본어 PLUS

일본생활에서 많이 쓰이는 어휘, 표현 등을 그림을 통해 쉽게 이해하고 학습할 수 있도록 구성했습니다.

쉬어가기

각 과에 관련된 일본의 관광지 및 여행 정보 등 다양한 문화 관련 정보를 소개했습니다.

본문

UNIT 01

車の運転ができますか。

학습 포인트		
	• (こと)ができる	~할 수 있다
	• んです	~(것)입니다
	• たい	~하고 싶다
	• ので	~때문에, ~하니까

Pattern Practice 1

1
富士山(ふじさん)を見(み)ます
→ 富士山(ふじさん)を見(み)ることができます。

1 日本料理(にほんりょうり)を作(つく)ります → ______

2 JR(ジェーアール)で九州(きゅうしゅう)から北海道(ほっかいどう)まで行(い)きます
→ ______

3 スマートフォンでいろいろなゲームをします
→ ______

2
箱根(はこね)に行(い)ったことがない
→ 箱根(はこね)に行(い)ったことがないんです。

1 会社(かいしゃ)に電話(でんわ)するのを忘(わす)れた → ______

2 会社(かいしゃ)の近(ちか)くで部屋(へや)を探(さが)している → ______

3 こんなにもらっていいか → ______

새단어 JRジェーアール Japan Railway (구 일본 국영철도) | 九州きゅうしゅう 규슈(福岡, 長崎 등 8개의 현으로 이루어짐) | スマートフォン 스마트폰 | いろいろな 여러 가지의, 다양한 | 近ちかく 근처 | 箱根はこね 하코네 | 探さがす 찾다 | こんなに 이렇게 | もらう 받다

Dialogue 1

유이와 사쿠라가 하코네 드라이브에 관해 이야기하고 있다.

Track 01

ユイ	さくらさんは車(くるま)の運転(うんてん)ができますか。
さくら	ええ、できますよ。今度(こんど)、箱根(はこね)にでもドライブに行(い)きますか。
ユイ	え、本当(ほんとう)ですか、うれしい。実(じつ)は私(わたし)、まだ箱根(はこね)に行(い)ったことがないんです。
さくら	そうですか。今度(こんど)の日曜日(にちようび)はどうですか。
ユイ	はい、大丈夫(だいじょうぶ)です。箱根(はこね)からは富士山(ふじさん)を見(み)ることができるんですか。
さくら	ええ、すぐ目(め)の前(まえ)に見(み)ることができますよ。

새단어

ドライブ 드라이브 | 今度こんど 이번에, 다음에 | 本当ほんとう 정말 | 実じつは 실은 | すぐ 바로 | 目め 눈

Pattern **Practice 2**

3 私(わたし)はコーヒを飲(の)む

→ 私(わたし)はコーヒが飲(の)みたいです。

1 日本(にほん)でうどんを食(た)べる

→ ______________________

2 僕(ぼく)は韓国(かんこく)で韓国料理(かんこくりょうり)を習(なら)う

→ ______________________

3 ドルを円(えん)に替(か)える

→ ______________________

4 暑(あつ)い / 冷(つめ)たいのがいい

→ 暑(あつ)いので、冷(つめ)たいのがいいです。

1 雨(あめ)が降(ふ)っている / 今日(きょう)の散歩(さんぽ)は止(や)めた

→ ______________________

2 おもしろい / 最後(さいご)まで読(よ)んだ

→ ______________________

3 暇(ひま)だ / ずっとゲームをしていた

→ ______________________

새단어 ドル 달러 | 替(か)える 바꾸다 | 冷(つめ)たい 차갑다 | 止(や)める 그만두다 | 最後(さいご) 마지막, 최후 | ずっと 쭉

Dialogue 2

차를 타고 하코네에 가던 도중, 사쿠라와 유이는 편의점에 들렀다.

Track 02

さくら　ちょっとのどがかわいたので、コンビニでお茶(ちゃ)を買(か)って来(き)ます。ユイさんは何(なに)が飲(の)みたいですか。

ユイ　私(わたし)はコーヒーをお願(ねが)いします。

さくら　ホットですか、アイスですか。

ユイ　暑(あつ)いので、冷(つめ)たいのがいいです。

さくら　他(ほか)にほしいものはありませんか。

ユイ　コーヒーだけでいいです。

새단어

のど 목 | かわく 마르다, 건조하다 | ホット 뜨거움 | アイス 아이스 | 他ほかに 그 외에 | ほしい 원하다, 필요하다 | ~だけで ~만으로

Grammar Preview

1 (동사 기본형) + ことができる, (동작성 명사) + できる　～할 수 있다

- この自動販売機は話すことができます。
- このコンビニではお金をおろすことができます。
- ただいま電話に出ることができません。
- 辞書は貸し出しができません。

2 ～んです　～(것)입니다

- 何をしているんですか。/ コンタクトを探しているんです。
- どうして学校を休んだんですか。/ 熱があったんです。
- 何時に寝るんですか。/ 夜１１時に寝るんです。
- どうしましたか。/ 昨日からお腹が痛いんです。

새단어 自動販売機じどうはんばいき 자동판매기 | お金かねをおろす 돈을 찾다 | ただいま 지금, 현재 | 電話でんわに出でる 전화를 받다 | 貸かし出だし 대출 | コンタクト 콘택트렌즈 | どうして 왜, 어째서 | 熱ねつ 열 | どうしましたか 왜 그래요?, 어디 안 좋아요? | お腹なか 배 | 痛いたい 아프다

③ 동사 ます형 + たい・たがる ~하고 싶다 · 하고 싶어하다

- 今日は久しぶりにパスタが食べたい。
- あのう、これ韓国に送りたいんですが。
- 女の人はいつもきれいな服を買いたがります。
- 今度の休暇に、家内は山に行きたがっているが、私は海に行きたい。

④ ~ので・~から ~때문에, ~하니까

- 今日はとても疲れたので、家に帰って早く寝ます。
- コーヒー、どうぞ。熱いので、気をつけてください。
- 心配なので、迎えに来ました。
- 赤ちゃんは何でも口に入れるから、注意してください。
- 暑いから、ジャケットを脱いでください。
- 明日は暇だから、子供と遊びます。

새단어 久ひさしぶりに 오랜만에 | パスタ 파스타 | 服ふく 옷 | 休暇きゅうか 휴가 | 家内かない 아내 | 気きをつける 조심하다 | 心配しんぱい 걱정 | 迎むかえる 마중하다 | 入いれる 넣다 | 注意ちゅういする 주의하다 | ジャケット 재킷 | 脱ぬぐ 벗다 | 遊あそぶ 놀다

UNIT 01 Review

1 다음 ______에 「ことができる」「んです」「たい」「ので」 중 적합한 표현을 사용해 문장을 완성하세요.

① ハワイでは21歳からお酒を飲みます。

→ お酒を＿＿＿＿＿＿＿＿＿＿ます。

② この猿は車を運転します。

→ 車を＿＿＿＿＿＿＿＿＿＿ます。

③ 家族の中に、運動が好きな人がいない。

→ 運動が好きな人が＿＿＿＿＿＿＿＿＿＿。

④ 昨日からお腹が痛い。

→ お腹が＿＿＿＿＿＿＿＿＿＿。

⑤ いい学校を出て、いい会社に入る。

→ いい会社に＿＿＿＿＿＿＿＿＿＿です。

⑥ 今度の日曜日は、友達と遊ぶ。

→ 友達と＿＿＿＿＿＿＿＿＿＿です。

⑦ 太る。甘いものはあまり食べません。

→ ＿＿＿＿＿＿＿＿＿＿＿＿＿＿。

⑧ 外は寒い。コートを着ます。

→ 外は＿＿＿＿＿＿＿＿＿＿＿＿。

새단어 ～歳さい ~세, ~살 | 猿さる 원숭이 | 太ふとる 살찌다 | 甘あまい 달다 | コート 코트

2 다음 그림을 참고로 회화를 완성하세요.

①  ②  ③ 

① A: あなたは何(なに)ができますか。
B: ______________ことができます。

② A: あなたは何(なに)ができますか。
B: ______________ことができます。

③ A: このエレベーターは、何人(なににん)まで乗(の)ることができますか。
B: ______________ことができます。

④  ⑤  ⑥ 

④ A: 今度(こんど)の夏休(なつやす)みは何(なに)をしたいんですか。
B: オーストラリアで、友達(ともだち)と______________んです。

⑤ A: 今度(こんど)の冬休(ふゆやす)みは何(なに)をしたいんですか。
B: 北海道(ほっかいどう)に行(い)って、家族(かぞく)と______________んです。

⑥ A: フランスに行(い)って、いちばんやりたいことは何(なん)ですか。
B: モンマルトルの丘(おか)のレストランで、______________んです。

새단어 焼(や)きそば 야키소바 | レモン 레몬 | オーストラリア 오스트레일리아 | サーフィン 서핑 | 雪祭(ゆきまつ)り 눈축제 | やる 하다 | モンマルトルの丘(おか) 몽마르트 언덕 | ワイン 와인

3 다음 문장을 일본어로 옮기세요.

① 그녀는 피아노도 기타도 칠 줄 압니다.

→ ______________________________

② 죄송한데요, 방이 좀 추운데요.

→ ______________________________

③ 아프리카에 가서 동물 사진을 찍고 싶습니다.

→ ______________________________

④ 눈이 오니까, 지하철로 가겠습니다.

→ ______________________________

심심풀이 JLPT

4 다음 문장의 (　　)에 들어갈 가장 적합한 말을 하나 고르세요.

① A：あの人(ひと)、英語(えいご)が上手(じょうず)ですね。

B：あの人(ひと)は、中学校(ちゅうがっこう)までアメリカに(　　　　　　)よ。

1　住みました　　　　2　住んでいました

3　住みます　　　　4　住んでいたんです

② 彼女(かのじょ)は肉(にく)を(　　　　　　)が、僕(ぼく)は魚(さかな)が(　　　　　　)。

1　食べたい, 食べたがっている　　　　2　食べたがっている, 食べたい

3　食べたい, 食べたい　　　　4　食べたがっている, 食べたがっている

③ あの映画(えいが)は、おもしろい(　　　)、ぜひ見(み)てください。

1　だから　　　　2　から

3　なら　　　　4　なので

새단어 ギター 기타 | 弾(ひ)く 치다 | アフリカ 아프리카 | 地下鉄(ちかてつ) 지하철 | 住(す)む 살다(장소) | ぜひ 꼭

5 보기의 단어를 참고해 (　　)안에 알맞은 표현을 쓰고, 밑줄 친 부분을 해석하세요.

日本人は温泉が大好きです。日本人の宇宙飛行士が地球にもどって来た時、「今、一番（ 무엇을 하고 싶습니까? ）」という質問に、彼は「（ 지쳤기 때문에 ）、温泉に入りたいです」と答えました。またオリンピックで金メダルを取った選手が帰国した時、その選手は「温泉に入ったあと、ゆっくり（ 자고 싶습니다 ）」と答えました。火山の多い日本にはあちこちに温泉があります。みなさんもぜひ一度日本の温泉を訪ねてみて下さい。

해석 → ______________________

보기 眠る　する　疲れる

새단어 宇宙飛行士うちゅうひこうし 우주비행사 | 地球ちきゅう 지구 | ～という ~라고 하는 | 質問しつもん 질문 | 疲つかれる 지치다, 피곤하다 | オリンピック 올림픽 | 金きんメダルを取とる 금메달을 따다 | 選手せんしゅ 선수 | 帰国きこく 귀국 | 眠ねむる 자다 | 火山かざん 화산 | あちこち 여기저기 | 一度いちど 한번 | 訪たずねる 방문하다

생활 속 일본어 PLUS

〈絵文字 이모티콘〉

(^▽^)/＼(^－^) あいさつ	^ε^ 笑い
(`へ ') 怒り	(@.@) 驚き
o(┬^┬)o 悲しみ	m(_ _)m 謝る
♥o♥ ラブ	[(—.—)]zZ 眠い
o(^–^)o オッケー！	(?_?) 分からない　どうして？
(〉_〈) どうしよう　困った！	＼(^　^)／ 万歳
♪♪♪(　^^)人(^^　)♪♪♪ 仲よし	(;￣д￣)ハァ↓↓ 疲れた
(≧▽≦)才×テ゛ト♪ おめでとう	(＞○＜)【あけおめ！！】 新年のあいさつ

쉬어가기

하코네(箱根)

하코네(箱根)는 도쿄(東京)에 인접한 가나가와 현(神奈川県) 남서부에 있는 관광지로, 도쿄에서 가깝고 교통이 편리하다는 점과 일본 굴지의 좋은 온천이 많다는 점에서 세계 각국의 관광객들이 즐겨 찾는 국제적인 온천 휴양지로 유명하다.

약 40만 년 전의 화산 분화로 인해 형성된 아시노코 호수(芦の湖)는 하코네 최고의 관광명소로 손꼽히며, 유람선을 타고 후지산(富士山)의 풍경을 보며 여유로운 관광을 즐길 수 있다. 또 다른 관광 명소인 오와쿠다니 계곡(大涌谷)은 3천 년 전의 화산 활동으로 만들어진 계곡으로 아직도 화산 활동의 흔적이 남아 있어 적갈색 대지에서 뜨거운 수증기와 유황가스를 내뿜고 있다. 이곳에 오면 꼭 먹게 되는 검은 달걀(黒玉子)은 뜨거운 지열을 이용해서 삶은 달걀로, 1개를 먹으면 7년이 젊어진다고 한다.

이외에도 호수면에 후지산이 거꾸로 비치는 逆富士로 유명한 온시하코네 공원(恩賜箱根公園)을 비롯하여 역사적으로 가치가 높은 일본 중세시대의 도자기가 전시되어 있는 하코네 미술관(箱根美術館), 미술관과 초원 등 볼거리가 많은 관광 지역인 센고쿠하라(仙石原) 등이 있으며, 수증기가 피어오르는 화산 지형을 공중에서 내려다볼 수 있는 케이블카인 하코네 로프웨이(箱根ロープウェイ)도 인기 관광코스로 꼽힌다.

UNIT

02 写真を撮りましょう。

학습 포인트
- ましょう ~합시다
- ないでください ~하지 말아주세요
- ために ~(하기) 위하여
- い형용사・な형용사의 동사 수식형

Pattern Practice 1

1
写真(しゃしん)を撮(と)る
→ 写真(しゃしん)を撮(と)りましょう。

1 寒(さむ)いから、中(なか)に入(はい)る → ____________________

2 では、始(はじ)めに乾杯(かんぱい)する → ____________________

3 荷物(にもつ)は、コインロッカーに入(い)れて行(い)くか
→ ____________________

2
後(うし)ろに下(さ)がる
→ 後(うし)ろに下(さ)がらないでください。

1 書類(しょるい)は鉛筆(えんぴつ)で書(か)く → ____________________

2 ごみやガムを道路(どうろ)に捨(す)てる → ____________________

3 友達(ともだち)とけんかをする → ____________________

새단어 始(はじ)めに 먼저, 처음으로 | 乾杯(かんぱい)する 건배하다 | 荷物(にもつ) 짐 | コインロッカー 코인로커 | 下(さ)がる 물러나다, 물러서다, 내리다 | 書類(しょるい) 서류 | 鉛筆(えんぴつ) 연필 | ガム 껌 | 道路(どうろ) 도로 | 捨(す)てる 버리다 | けんか 싸움

Dialogue 1

유이와 사쿠라는 하코네의 명소인 아시노코 호수에 도착했다.

Track 03

ユイ　わあ、きれいな湖(みずうみ)。ここが芦(あし)ノ湖(こ)ですね。

富士山(ふじさん)がきれい！

さくら　ユイさん、写真(しゃしん)を撮(と)りましょう。

そこに立(た)ってください。

ユイ　ここでいいですか。

さくら　危(あぶ)ないので、後(うし)ろに下(さ)がらないでください。

はい、チーズ！

ユイ　ありがとうございました。

さくらさんも一枚(いちまい)どうですか。

さくら　じゃあ、私(わたし)も富士山(ふじさん)をバックに一枚(いちまい)お願(ねが)いします。

새단어

わあ 와아! | 湖みずうみ 호수 | 芦あしノ湖こ 아시노코(하코네 소재 호수) | 立たつ 서다 | 後うしろ 뒤 | チーズ 치즈 | じゃあ 그러면 | バック 뒤, 배경

Pattern Practice 2

3 日の出を見る / 一度登ったことがある

→ 日の出を見るために、一度登ったことがあります。

1 やせる / 運動する

→ ______________________

2 疲れを取る / 早く寝る

→ ______________________

3 あなたは何 / 働いているか

→ ______________________

4 空気がうすいので、少し頭が痛い / なった

→ 空気がうすいので、少し頭が痛くなりました。

1 暑いから、髪が短い / 切った

→ ______________________

2 おかげさまで僕は元気だ / 過ごしている

→ ______________________

3 もっときれいだ / なりたい

→ ______________________

새단어

日ひの出で 일출 | 登のぼる 오르다 | やせる 야위다 | 疲つかれを取とる 피곤을 풀다 | 働はたらく 일하다 | 空気くうき 공기 | うすい 희박하다, 엷다 | 少すこし 조금 | 頭あたま 머리 | 髪かみ 머리카락 | 短みじかい 짧다 | 切きる 자르다, 끊다 | おかげさまで 덕분에 | 過すごす 지내다 | もっと 더, 더욱

Dialogue 2

유이와 사쿠라는 후지산을 바라보며 후지산 등산에 대해 이야기하고 있다. Track 04

ユイ	富士山(ふじさん)に登(のぼ)ったことがありますか。
さくら	ええ、日(ひ)の出(で)を見(み)るために一度(いちど)登(のぼ)ったことがあります。
ユイ	頂上(ちょうじょう)まで行(い)ったんですか。
さくら	はい。頂上(ちょうじょう)から見(み)る日(ひ)の出(で)は本当(ほんとう)にすばらしかったです。 でも空気(くうき)がうすいので、少(すこ)し頭(あたま)が痛(いた)くなりました。
ユイ	私(わたし)も一度(いちど)登(のぼ)りたいな。
さくら	今年(ことし)の夏(なつ)いっしょに登(のぼ)りましょう。

새단어 頂上ちょうじょう 정상 | すばらしい 멋있다, 훌륭하다 | でも 하지만 | ～な ~구나(소망 · 영탄)

Grammar Preview

1 동사 ます형 + ましょう　～합시다

- 毎日(まいにち)、牛乳(ぎゅうにゅう)を飲(の)みましょう。
- いっしょに食事(しょくじ)に行(い)きましょうか。
- 今日(きょう)は割勘(わりかん)にしましょう。
- 時間(じかん)がないから、急(いそ)ぎましょう。

2 동사 ない형 + ないでください　～하지 말아주세요

- お酒(さけ)を飲(の)まないでください。
- 変(へん)なことを言(い)わないでください。
- 授業中(じゅぎょうちゅう)、おしゃべりをしないでください。
- 危(あぶ)ないから、切(き)れた電線(でんせん)に触(さわ)らないでください。

새단어

牛乳ぎゅうにゅう 우유 | 食事しょくじ 식사 | 割勘わりかん 각자 부담 | 急いそぐ 서두르다 | 変へんだ 이상하다 | 言いう 말하다 | 授業中じゅぎょうちゅう 수업 중 | おしゃべりをする 잡담을 하다 | 切きれる 끊어지다 | 電線でんせん 전선 | 触さわる 만지다

③ 동사 기본형 등 + (の)ために ~(하기) 위하여

- コーヒーを飲(の)むために、お湯(ゆ)を沸(わ)かします。
- 彼(かれ)は目的(もくてき)のためには手段(しゅだん)を選(えら)びません。
- お茶(ちゃ)は、飲(の)む人(ひと)のために作(つく)るものです。
- 早起(はやお)きするために、目覚(めざ)まし時計(どけい)をセットして寝(ね)ます。

④ い형용사・な형용사의 동사 수식형

- もう少(すこ)し安(やす)くなりませんか。
- 先生(せんせい)、授業(じゅぎょう)のスピードをもう少(すこ)し遅(おそ)くしてください。
- 子供(こども)が元気(げんき)になりました。
- あなたは部屋(へや)をいつもきれいにしていますか。

새단어 お湯ゆを沸わかす 물을 끓이다 | 目的もくてき 목적 | 手段しゅだん 수단 | 選えらぶ 고르다 | お茶ちゃ 차, 녹차 | 早起はやおきする 일찍 일어나다 | 目覚めざまし時計どけい 알람 시계 | セットする 준비하다, 설치하다 | 安やすい (값이) 싸다 | スピード 속도 | 遅おそい 늦다

ない형

1 1그룹 동사

어미 う단을 あ단으로 바꾸고 ない를 붙인다.

어미	기본형	ない형	부정표현
う	いう (말하다)	いわ	いわない (말하지 않다)
く	かく (쓰다)	かか	かかない (쓰지 않다)
す	はなす (이야기하다)	はなさ	はなさない (이야기하지 않다)
つ	まつ (기다리다)	また	またない (기다리지 않다)
ぬ	しぬ (죽다)	しな	しなない (죽지 않다)
む	よむ (읽다)	よま	よまない (읽지 않다)
る	おわる (끝나다)	おわら	おわらない (끝나지 않다)
ぐ	ぬぐ (벗다)	ぬが	ぬがない (벗지 않다)
ぶ	とぶ (날다)	とば	とばない (날지 않다)
예외	ある (있다)	×	ない (없다)

Tip　う로 끝나는 동사의 ない형은 어미가 あ가 아닌 わ로 바뀐다.
· かう → かわない　　· いう → いわない
예외적으로 동사 ある의 부정표현은 あらない가 아니고 ない가 된다는 점에 유의한다.

2 2그룹 동사

어미 る를 없애고 ない를 붙인다.

기본형	ない형	부정표현
みる (보다)	み~~る~~	みない (보지 않다)
いる (있다)	い~~る~~	いない (없다)
おきる (일어나다)	おき~~る~~	おきない (일어나지 않다)
ねる (자다)	ね~~る~~	ねない (자지 않다)
たべる (먹다)	たべ~~る~~	たべない (먹지 않다)
おしえる (가르치다)	おしえ~~る~~	おしえない (가르치지 않다)

3 3그룹 동사

3그룹 동사는 2개밖에 없다.

기본형	ない형	부정표현
くる (오다)	こ	こない (오지 않다)
する (하다)	し	しない (하지 않다)

ない형 연습문제

	부정 표현	ないでください
買う	買わない	買わないでください
行く		
押す		
立つ		
死ぬ		
飲む		
乗る		
切る		
帰る		
泳ぐ		
呼ぶ		
着る		
借りる		
降りる		
出る		
覚える		
捨てる		
運動する		
来る		

UNIT 02 Review

1 다음 ______에 「ましょう」「ないでください」「ために」「く(に)する/く(に)なる」 중 적합한 표현을 사용해 문장을 완성하세요.

① 今日はデパートの前で4時に会う。

→ 4時に________________________。

② 駅の近くのラーメン屋に入ります。

→ ラーメン屋に________________________。

③ これからは、約束の時間に遅れる。

→ 約束の時間に________________________。

④ 室内でたばこを吸う。

→ たばこを________________________。

⑤ 留学する。貯金をしています。

→ ________________________________。

⑥ 家族と会社。働いています。

→ ________________________________。

⑦ うるさくて、音が小さい。

→ 音を________________________ます。

⑧ 夜は、公園が静かです。

→ 公園が________________________ます。

새단어 約束やくそく 약속 | 遅おくれる 늦다, 늦어지다 | 室内しつない 실내 | 留学りゅうがく 유학 | 貯金ちょきん 저금 | 家族かぞく 가족 | うるさい 시끄럽다 | 音おと 소리

2 다음 그림을 참고로 회화를 완성하세요.

① 

② 

③ 

① A: はとにえさをやってもいいですか。

B: いいえ、＿＿＿＿＿＿＿＿＿＿。

② A: 木(き)に登(のぼ)ってもいいですか。

B: いいえ、＿＿＿＿＿＿＿＿＿＿。

③ A: この魚(さかな)、食(た)べてもいいですか。

B: いいえ、＿＿＿＿＿＿＿＿＿＿。

④ 

⑤ 

⑥ 

④ A: もう11時(じ)ですね。

B: そろそろ＿＿＿＿＿＿＿ましょう。 [帰る]

⑤ A: 帰(かえ)りに一杯(いっぱい)どうですか。

B: いいですね。一杯(いっぱい)＿＿＿＿＿＿＿ましょう。 [飲む]

⑥ A: 「カフェモカ」「カフェラテ」の違(ちが)いがよくわかりません。

B: バリスタに＿＿＿＿＿＿＿ましょう。 [聞いてみる]

새단어 はと 비둘기 | えさ 먹이 | やる 주다 | そろそろ 슬슬 | 一杯いっぱい (술) 한 잔 | カフェモカ 카페모카 | カフェラテ 카페라떼 | 違ちがい 차이 | よく 잘 | バリスタ 바리스타 | 聞きく 묻다, 듣다

3 다음 문장을 일본어로 옮기세요.

① 오늘은 한가하니까, 영화라도 보러 갑시다.

→ ____________________

② 일요일에는 쓰레기를 내놓지 말아주세요.

→ ____________________

③ 여러분은 무엇을 위해 아르바이트를 합니까?

→ ____________________

④ 이 스커트를 조금 짧게 했으면 합니다만.

→ ____________________

심심풀이 JLPT

4 다음 문장의 ( )에 들어갈 가장 적합한 말을 하나 고르세요.

① 恥(は)ずかしいから、見(み)(　　　　　　)。

1 てもいいです　　2 ないでください

3 なくてください　　4 ないことになります

② A：お腹(なか)がすきましたね。

B：じゃあ、近(ちか)くのラーメン屋(や)へ食(た)べに(　　　　　)。

1 行かないでください　　2 行ってもいいです

3 行ってはいけません　　4 行きましょう

③ 私(わたし)はきれいに(　　　　)、毎週一回(まいしゅういっかい)エステに通(かよ)っています。

1 するために　　2 したため　　3 なるために　　4 なったため

새단어 出だす 내놓다 | 恥はずかしい 창피하다 | お腹なかがすく 배가 고프다 | 毎週まいしゅう 매주 | 一回いっかい 한 번 | エステ 전신 미용 | 通かよう 다니다

5 보기의 단어를 참고해 (   )안에 알맞은 표현을 쓰고, 밑줄 친 부분을 해석하세요.

日本人は昔から暑い夏を涼しく(지내기 위해서)、いろいろな工夫をしました。夕方、庭に水をまくのも一つの方法です。水が熱を(가져가기 때문에)、二度くらい気温が下がります。風鈴もその一つです。チリン、チリンという風鈴のさわやかな音で、何となく(시원해진)気がします。最近はクーラーがありますが、今でも、水をまいたり風鈴を下げたりしている家庭があります。

해석 → ______________________________

보기 持っていく　涼しい　過ごす

새단어 涼すずしい 시원하다, 선선하다 | 工夫くふう 궁리, 아이디어 | 夕方ゆうがた 저녁 | 水みずをまく 물을 뿌리다 | 方法ほうほう 방법 | 気温きおん 기온 | 風鈴ふうりん 풍경 | チリン 띠링(방울이 울리는 소리) | さわやかだ 경쾌하다, 산뜻하다 | 何なんとなく 왠지 | クーラー 쿨러 | 下さげる 매달다, 내리다 | 家庭かてい 가정

생활 속 일본어 PLUS

〈병에 관한 표현〉

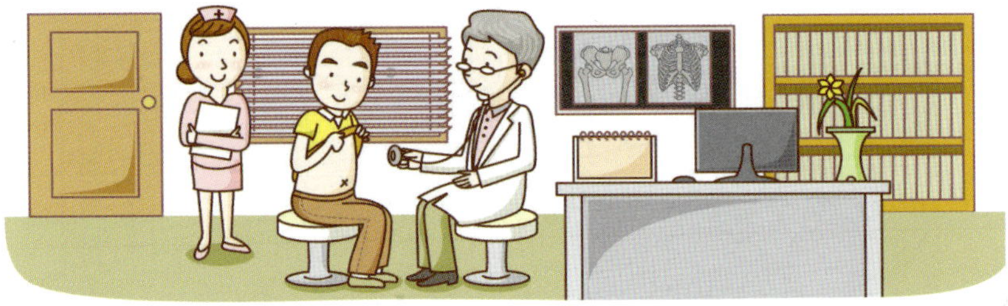

どうしましたか。

お腹を見せてください。

お腹が痛いです。

のどが痛いです。

吐気がします。

寒気がします。

せきが出ます。

鼻水が出ます。

熱があります。

下痢をしています。

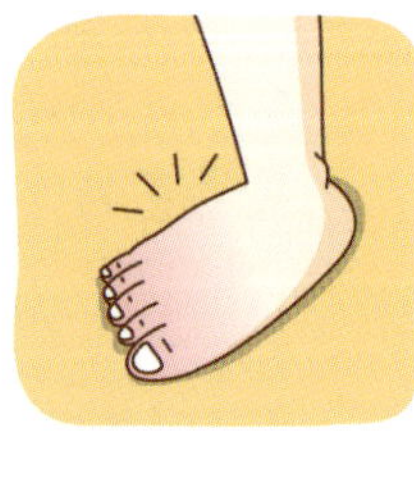

足が腫れています。

쉬어가기

후지산(富士山)

산 정상이 흰 눈으로 덮인 설경으로 연하장, 그림엽서, 전화카드 등에 많이 등장하는 후지산(富士山)은 시즈오카 현(静岡県)과 야마나시 현(山梨県)의 경계에 위치한 해발 3776미터의 일본을 상징하는 명산이다. 산 정상에는 지름 약 700미터, 깊이 약 240미터나 되는 분화구가 있으며 과거에도 몇 차례 화산 폭발이 있었고 앞으로도 화산 활동이 일어날 수 있는 활화산이다. 후지산은 보통 산의 절반 높이, 즉 산 중턱인 五合目(2300미터)까지 올라가게 되는데, 이 지점까지는 자동차로도 갈 수 있기 때문이다. 五合目에서 5~6시간 정도면 정상에 오를 수 있으며, 특히 일출을 보기 위해 오르는 등산객도 많다. 기념품점에는 후지산의 공기를 캔에 넣어 국내외 관광객들에게 판매하는 진귀한 광경도 볼 수 있다.

또한 후지산 둘레의 5대 호수 중의 하나인 가와구치코 호수(河口湖)는 둘레가 17.4킬로미터, 수면 면적이 6.1평방 킬로미터나 되며, 해발 800미터 지점에 자리하므로 여름에도 시원하다. 후지산을 가까이에서 또렷하게 볼 수 있는데다가 주변에는 일본 전통 노천온천이 많아 관광객이 많이 찾으며, 특히 여름철에는 후지산에 오르려는 등산객의 거점 역할을 하기도 한다.

이밖에도 전천후 테마파크인 ぐりんぱ(GrinPa)와 1년 내내 꽃으로 가득한 대 온실과 올빼미 쇼, 잉꼬나 에뮤에게 먹이 주기 체험을 할 수 있는 후지 화조원(富士花鳥園) 등이 있으며, 가족 단위의 일본인들도 많이 찾는다.

UNIT

03 あそこに並べてある魚は何ですか。

학습 포인트
- てしまう　~해버리다
- てある　~어 있다
- ているところだ　지금 한창 ~하고 있는 중이다
- てくる　~(해)져오다, ~하기 시작하다

Pattern Practice 1

1
人(ひと)にぶつかる
→ 人(ひと)にぶつかってしまった。

1 借金(しゃっきん)は全部(ぜんぶ)返(かえ)す →

2 電話番号(でんわばんごう)を忘(わす)れる →

3 その映画(えいが)を見(み)て泣(な)く →

2
あそこに魚(さかな)を並(なら)べる
→ あそこに魚(さかな)が並(なら)べてあります。

1 部屋(へや)の電気(でんき)をつける →

2 説明(せつめい)を英語(えいご)で書(か)く →

3 お皿(さら)をきれいに洗(あら)う →

새단어 ぶつかる 부딪히다 | 借金しゃっきん 빚, 빌린 돈 | 全部ぜんぶ 전부 | 返かえす 갚다, 돌려주다 | 泣なく 울다 | 並ならべる 죽 늘어놓다 | 電気でんきをつける 불을 켜다 | 説明せつめい 설명 | お皿さら 접시 | 洗あらう 씻다

Dialogue 1

태우는 사쿠라의 안내로 츠키지 시장을 찾아 구경하고 있다. Track 05

テウ　　わあ、すごい人(ひと)ですね。

さくら　気(き)をつけてくださいね。ぶつかってしまいますよ。

テウ　　あそこに並(なら)べてある魚(さかな)は何(なん)ですか。

さくら　日本人(にほんじん)の大好(だいす)きなたいです。

テウ　　あれが「腐(くさ)ってもたい」のたいですか。

さくら　テウさん、むずかしい言葉(ことば)を知(し)っていますね。

새단어　すごい 대단하다, 굉장하다 | 腐(くさ)ってもたい 썩어도 도미(속담:썩어도 준치) | 言葉(ことば) 말 | 知(し)る 알다

Pattern Practice 2

③ マグロのセリをする

→ マグロのセリをしているところです。

1 髪(かみ)を切(き)る

→ ____________________

2 サッカー試合(じあい)を見(み)る

→ ____________________

3 お湯(ゆ)を沸(わ)かす

→ ____________________

④ 観光客(かんこうきゃく)が増(ふ)える

→ 観光客(かんこうきゃく)が増(ふ)えてきました。

1 輸入品(ゆにゅうひん)がとても安(やす)くなる

→ ____________________

2 田中(たなか)さんはだんだん太(ふと)る

→ ____________________

3 この街(まち)も年々(ねんねん)にぎやかになる

→ ____________________

새단어 マグロ 참치 | セリ 경매 | サッカー試合じあい 축구시합 | 観光客かんこうきゃく 관광객 | 増ふえる 늘다 | 最近さいきん 요즘, 최근 | 輸入品ゆにゅうひん 수입품 | だんだん 점점 | 街まち 거리, 마을 | 年々ねんねん 해마다, 해가 갈수록 | にぎやかだ 번화하다

Dialogue 2

태우와 사쿠라가 츠키지 시장의 명물인 참치 경매 현장을 보고 있다.

Track 06

テウ　あそこでは何(なに)をしているんですか。

さくら　マグロのセリをしているところです。

テウ　急(きゅう)に観光客(かんこうきゃく)が増(ふ)えてきましたね。

さくら　ええ。マグロのセリは外国(がいこく)の観光客(かんこうきゃく)にとても人気(にんき)があるんですよ。

テウ　私(わたし)、マグロが大好(だいす)きなんです。

さくら　あとでおすしを食(た)べに行(い)きましょう。

새단어

急(きゅう)に 갑자기 | 外国(がいこく) 외국 | 人気(にんき) 인기 | あとで 나중에

Grammar Preview

① 동사 て형 + てしまう

~해버리다, ~하고 말다

- せっかくのチャンスを逃(のが)してしまった。
- 朝寝坊(あさねぼう)をして遅刻(ちこく)してしまいました。
- バーゲンセールの時(とき)、たくさん買(か)ってしまった。
- 彼女(かのじょ)との約束(やくそく)をすっかり忘(わす)れてしまいました。

② 동사 て형 + てある

~어 있다

- 借金(しゃっきん)はもう返(かえ)してあります。
- アパートの前(まえ)にいつも燃(も)えないごみが出(だ)してあります。
- 事務室(じむしつ)には、いつもバラの花(はな)が飾(かざ)ってあります。
- 冷蔵庫(れいぞうこ)にビールが冷(ひ)やしてある。

새단어 せっかく 모처럼 | チャンス 기회 | 逃のがす 놓치다 | 朝寝坊あさねぼうをする 늦잠을 자다 | 遅刻ちこく 지각 | バーゲンセール 바겐세일 | すっかり 완전히, 몽땅 | アパート 아파트 | 燃もえないごみ 불연성 쓰레기 | 飾かざる 장식하다 | 冷蔵庫れいぞうこ 냉장고 | 冷ひやす 차게 하다

③ 동사 て형 + ているところだ 지금 한창 ~하고 있는 중이다

- 今(いま)、友達(ともだち)にメールを書(か)いているところです。
- 夫(おっと)は今(いま)、料理(りょうり)を作(つく)っているところです。
- 今(いま)、薬(くすり)を飲(の)んでいるところです。

※ 동사 기본형 · 동사의 た + ところだ 지금 막 ~하려는 참이다 · 지금 막 ~했다

- 子供(こども)たちは歯(は)をみがいて、そろそろ寝(ね)たところです。
- 「さっぱりしていますね」「ええ、今床屋(いまとこや)に行(い)ってきたところです」

④ 동사 て형 + てくる ~(해)져 오다, ~하기 시작하다

- だんだん眠(ねむ)くなってきます。
- 入社(にゅうしゃ)以来(いらい)、給料(きゅうりょう)がだんだん増(ふ)えてきた。
- 話(はなし)がますますおもしろくなってきました。
- 最近(さいきん)お腹(なか)がどんどん出(で)てきました。

새단어 メール 메일, 문자 | 歯は 이, 치아 | みがく 닦다 | さっぱり 산뜻한 모양 | 床屋とこや 이발소 | 眠ねむい 졸리다 | 入社にゅうしゃ 입사 | 以来いらい 이래 | 給料きゅうりょう 월급 | ますます 점점 더 | どんどん 자꾸자꾸

UNIT 03 Review

1 다음 ______에 「てしまう」「てある」「ところだ」「てくる」 중 적합한 표현을 사용해 문장을 완성하세요.

① 安くていい商品は、すぐ売れます。

→ すぐ______________。

② 彼は持っていたお金を全部使った。

→ お金を全部______________。

③ 事務室の近くの駐車場に車を止める。

→ 車が______________。

④ 白いハンカチに「君を愛している」と書く。

→ 「君を愛している」と______________。

⑤ 友達に会いに出かけます。

→ 会いに______________。

⑥ ただいま会社から帰ってきました。

→ 会社から______________。

⑦ 話がだんだんおもしろくなった。

→ 話がだんだん______________。

⑧ 最近、韓国語が上手な外国人がずいぶん増えた。

→ 外国人がずいぶん______________。

새단어

商品しょうひん 상품 | 売うれる 팔리다 | 車くるまを止とめる 차를 세우다 | ハンカチ 손수건 | 君きみ 자네, 당신 | 愛あいする 사랑하다 | 出でかける 나가다, 외출하다 | ただいま 지금, 지금 막 | ずいぶん 상당히

2 다음 그림을 참고로 회화를 완성하세요.

① 
② 
③ 

① A : 部屋のストーブは消しましたか。
　B : はい、もう＿＿＿＿＿＿＿＿ます。

② A : 金庫の鍵はかけましたか。
　B : はい、＿＿＿＿＿＿＿＿ます。

③ A : 書類はどこにありますか。
　B : 引き出しに＿＿＿＿＿＿＿＿ます。

④ 
⑤ 
⑥ 

④ A : ここに車を止めないでください。
　B : すみません、今＿＿＿＿＿＿＿＿ところです。

⑤ A : 何をしていますか。
　B : 髪を＿＿＿＿＿＿＿＿ところです。

⑥ A : 薬は飲みましたか。
　B : ええ、今＿＿＿＿＿＿＿＿ところです。

새단어 鍵かぎをかける 잠그다 | 引ひき出だし 서랍 | しまう 간수하다, 보관하다

3 다음 문장을 일본어로 옮기세요.

① 배가 고파서 친구의 도시락을 먹어버렸다.

→ ______________________________

② 아이의 노트에는 모두 이름이 쓰여 있습니다.

→ ______________________________

③ 지금 한창 일본요리를 배우고 있는 중입니다.

→ ______________________________

④ 그녀가 점점 귀여워져 보였다. (보여왔다)

→ ______________________________

심심풀이 JLPT

4 다음 문장의 (　　)에 들어갈 가장 적합한 말을 하나 고르세요.

① ドーナツが(　　　　　)ね。これ、食(た)べてもいいですか。

それは、もうすぐ弟(おとうと)が来(く)るから、(　　　　　)よ。

1　残っています, 残っています　　2　残してあります, 残してあります

3　残っています, 残してあります　　4　残してあります, 残っています

② A：「明日(あした)のスピーチの原稿(げんこう)、もうできた？」

B：「うん、今(いま)書(か)きあがった(　　　　)よ。」

1　ところだ　　2　ときだ　　3　ものだ　　4　わけだ

③ だんだん空(そら)が暗(くら)く(　　　　)ので、きっと雨(あめ)が降(ふ)るでしょう。

1　なっていった　　2　なってくる

3　なっていない　　4　なってきた

새단어　すべて 모두 | 名前なまえ 이름 | 残のこす 남기다 | 残のこる 남다 | スピーチ 연설 | 原稿げんこう 원고 | できる 완성되다 | 書かきあがる 다 쓰다 | きっと 필시, 분명히

5 보기의 단어를 참고해 (　　)안에 알맞은 표현을 쓰고, 밑줄 친 부분을 해석하세요.

今年の春、友達と二人で東京に行ってきました。一番びっくりしたのは駅の名前が全部ハングルで(　쓰여 있는　)ことでした。おすし屋さんにも行きました。マグロの握りずしがとてもおいしくて感動しました。<u>二人とも野球が大好きなので、東京ドームにも行きました</u>。ちょうどジャイアンツが(　시합을 하고 있는 중　)でした。ドームがあまりにも広いので(　놀라버렸습니다　)。

해석 → ______________________________

보기 書く　　びっくりする　　試合をする

새단어 びっくりする 놀라다 | ハングル 한글 | おすし屋やさん 초밥집 | 握にぎりずし 생선 초밥 | 感動かんどう 감동 | 東京とうきょうドーム 도쿄 돔 | ちょうど 때마침 | ジャイアンツ 자이언트(일본 프로야구 팀 명) | あまりにも 너무나도

생활 속 일본어 PLUS

〈일본 속담〉

井の中の蛙大海を知らず

足下に火がつく

石橋を叩いて渡る

馬の耳に念仏

飼い犬に手を噛まれる

腐っても鯛

猿も木から落ちる

花より団子

쉬어가기

츠키지시장(築地市場)

츠키지 시장(築地市場)은 도쿄(東京)의 중앙구(中央区)에 자리한 세계적인 규모를 자랑하는 수산시장이다. 이곳은 도매를 전문으로 하는 장내(場内)시장과 일반 고객이 쇼핑을 즐길 수 있는 장외(場外)시장으로 나뉘는데, 해산물, 건어물, 여타 식재료 등을 판매하는 400여 곳의 상점이 휴일 없이 24시간 판매를 하고 있으며, 이곳에서 취급하는 수산물 거래량은 일본 최고라고 한다. 도매 시장인 장내 시장에서는 새벽 5시부터 수산물 경매(セリ)가 시작되며 특히 참치 중에서도 최고급품인 참다랑어를 확보하기 위해 열리는 경매는 좋은 볼거리이다. 츠키지 시장은 수산물 전문 도매시장이기는 하지만, 수산물 외에도 청과물, 닭고기와 달걀, 채소 절임과 각종 가공 식품류 등도 거래되고 있다.

츠키지 시장은 수산물 판매 외에도 초밥집(寿司屋)이 유명한데, 인기 있는 초밥집에서는 이곳에서 거래되는 신선한 생선으로 만든 초밥을 맛보려는 사람들로 가게 문을 열기 전부터 장사진을 이루기도 한다.

또한 츠키지의 새로운 명소인 트윈타워 세이루카 가든(聖路加ガーデン)의 47층 전망대에서는 도쿄의 야경을 무료로 즐길 수 있으며, 일본의 전통 정원인 하마리큐 온시 정원(浜離宮恩賜庭園)까지 산책을 즐길 수도 있다.

UNIT

04 このカメラは父がくれたんです。

학습 포인트

- あげる (내가 남에게) 주다
- くれる (남이 나에게) 주다
- てあげる (내가 남에게) ~해주다
- てくれる (남이 나에게) ~해주다

Pattern Practice 1

1

私(わたし) / 父(ちち) / ネクタイピン

→ 私(わたし)は父(ちち)にネクタイピンをあげました。

1 私(わたし) / 彼(かれ) / 白(しろ)いハンカチ → ________________

2 僕(ぼく) / 彼女(かのじょ)の弟(おとうと) / おもちゃ → ________________

3 母(はは)の日(ひ)にあなた / お母(かあ)さん / 何(なに)(か) → ________________

2

父(ちち) / 私(わたし) / カメラ

→ 父(ちち)が私(わたし)にカメラをくれました。

1 クリスマスに彼(かれ) / 私(わたし) / ネックレス → ________________

2 木村(きむら)さん / 私(わたし)の弟(おとうと) / おもちゃ → ________________

3 母(はは) / 僕(ぼく) / 小遣(こづか)い → ________________

새단어 ネクタイピン 넥타이핀 | おもちゃ 장난감 | 母ははの日ひ 어머니날 | ネックレス 목걸이 | 小遣こづかい 용돈

Dialogue 1

사쿠라는 태우와 함께 닛코 도쇼구(東照宮)에 와 있다.

Track 07

さくら　ここが東照宮(とうしょうぐう)です。

日光(にっこう)を代表(だいひょう)する観光地(かんこうち)なんですよ。

テウ　りっぱな門(もん)ですね。写真(しゃしん)に撮(と)ります。

さくら　テウさんはいいカメラを持(も)っていますね。

テウ　このカメラは誕生日(たんじょうび)に父(ちち)が私(わたし)にくれたんです。

さくら　そうですか。テウさんはお父(とう)さんの誕生日(たんじょうび)に何(なに)をあげたんですか。

テウ　ネクタイピンをあげました。

アルバイトでためたお金(かね)で買(か)ったんです。

새단어

東照宮とうしょうぐう 도쇼구(닛코에 있는 신사) | 日光にっこう 닛코 | 代表だいひょう 대표 | 観光地かんこうち 관광지 | 立派りっぱだ 훌륭하다, 멋있다 | 門もん 문 | 誕生日たんじょうび 생일 | ためる 모으다

Pattern **Practice 2**

3 私 / テウ / 昼ごはん / おごる
→ 私はテウに昼ごはんをおごってあげました。

1 僕 / 彼女 / ノート / 貸す
→ ______________________

2 テウ / ユイ / アイフォーンの使い方 / 教える
→ ______________________

3 私 / 友達 / 駅まで送る
→ ______________________

4 店員さん / 私たち / コーヒーを持ってくる
→ 店員さんが私たちにコーヒーを持ってきてくれました。

1 健太さん / 私の宿題 / 手伝う
→ ______________________

2 田中さん / 私 / 日本の歌 / 教える
→ ______________________

3 友達 / 私 / 駅まで迎えに来る
→ ______________________

새단어 おごる 한턱 내다 | アイフォーン 아이폰 | 使つかい方かた 사용법 | 送おくる 배웅하다, 보내다 | 手伝てつだう 돕다 | 迎むかえる 마중하다

Dialogue 2

태우와 사쿠라가 호수 옆의 레스토랑에서 빙어 튀김을 먹고 있다.

Track 08

テウ	私はワカサギの天ぷらを初めて食べました。
さくら	そうですか。ワカサギは日光の名物なんですよ。
テウ	やわらかくて、とてもおいしかったです。
さくら	よかった。今日は私がおごってあげますね。
テウ	え、いいんですか。ありがとうございます。
さくら	食後にコーヒーがついていましたね。 頼みましょう。 (店員に) すみません。 コーヒー、持ってきてくれますか。

새단어

ワカサギ 빙어 | 天てんぷら 튀김 | 初はじめて 처음으로 | 名物めいぶつ 명물 | よかった 잘됐다, 다행이다 | 食後しょくご 식후 | つく 붙다, 달리다

Grammar Preview

1 あげる　(내가 남에게) 주다

- 僕(ぼく)は弟(おとうと)にお菓子(かし)を**あげた**。
- バレンタインデーに、あなたは誰(だれ)にチョコレートを**あげましたか**。
- 日本(にほん)でもお正月(しょうがつ)に子供(こども)にお年玉(としだま)を**あげます**。
- 家(いえ)を出(で)る時(とき)、花(はな)に水(みず)を**やる**のを忘(わす)れた。

2 くれる　(남이 나에게) 주다

- 彼女(かのじょ)は僕(ぼく)にチョコレートを**くれました**。
- 彼女(かのじょ)はあなたにもチョコレートを**くれましたか**。
- 先輩(せんぱい)が私(わたし)の妹(いもうと)にかわいい人形(にんぎょう)を**くれた**。
- フィアンセは私(わたし)にダイアモンドの指輪(ゆびわ)を**くれました**。

새단어 お菓子かし 과자 | バレンタインデー 밸런타인데이 | チョコレート 초콜릿 | お正月しょうがつ 설날, 정초 | お年玉としだま 세뱃돈 | 水みずをやる 물을 주다 | 先輩せんぱい 선배 | フィアンセ 약혼자 | ダイアモンド 다이아몬드 | 指輪ゆびわ 반지

③ 동사 て형 + てあげる (내가 남에게) ~해주다

- 僕は友達を駅まで送ってあげた。
- テウはユリにお金を貸してあげました。
- 僕はさくらの荷物を持ってあげた。
- 地下鉄で私は老人に席をゆずってあげた。

④ 동사 て형 + てくれる (남이 나에게) ~해주다

- 弟が私にオムライスを作ってくれた。
- 健太さんが私に寿司をごちそうしてくれた。
- 彼は泣いている私にハンカチを貸してくれました。
- 地下鉄で、ある少年が母に席をゆずってくれた。

새단어 荷物にもつ 짐 | 地下鉄ちかてつ 지하철 | 老人ろうじん 노인 | 席せき 자리 | ゆずる 양보하다 | オムライス 오므라이스 | ごちそうする 대접하다 | ハンカチ 손수건 | ある 어느, 어떤 | 少年しょうねん 소년

UNIT 04 Review

1 다음 ______에 「あげ(る)」「くれ(る)」「てあげ(る)」「てくれ(る)」 중 적합한 표현을 사용해 문장을 완성하세요.

① 弟(おとうと)は兄(あに)に漫画(まんが)の本(ほん)を__________ました。

② ワンさんが私(わたし)に中国(ちゅうごく)のお茶(ちゃ)を__________ました。

③ 私(わたし)は田中(たなか)さんに韓国(かんこく)の歌(うた)を教(おし)え__________ました。

④ 息子(むすこ)は祖父母(そふぼ)に大阪(おおさか)を案内(あんない)し__________ました。

⑤ 昨日(きのう)は私(わたし)の代(かわ)りに課長(かちょう)がお酒(さけ)を飲(の)ん__________た。

⑥ 彼女(かのじょ)にもっとやさしくし__________てください。

⑦ 卒業(そつぎょう)の時(とき)、母(はは)は僕(ぼく)にノートパソコンを買(か)っ__________ました。

⑧ 恋人(こいびと)の愛(あい)ちゃんが父(ちち)に誕生日(たんじょうび)プレゼントを__________た。

⑨ 今日(きょう)はスーパーマンがうちの子(こ)を助(たす)け__________た。

⑩ 暑(あつ)いから、エアコンつけ__________ますか。

⑪ 動物(どうぶつ)にえさを__________ないでください。

⑫ ユイが僕(ぼく)にノートを貸(か)し__________た。

새단어 息子むすこ 아들 | 祖父母そふぼ 할아버지와 할머니 | 案内あんないする 안내하다 | 代かわりに 대신에 | 卒業そつぎょう 졸업 | 恋人こいびと 애인 | プレゼント 선물 | スーパーマン 슈퍼맨 | 助たすける 돕다 | えさ 먹이

2 다음 그림을 참고로 회화를 완성하세요.

A: 誰が誰に何をどうしましたか。

① 

② 

③ 

① さくらさんが私に______________ました。

② 健太さんが私に______________ました。

③ 健太さんが私の弟に______________ました。

④ 

⑤ 

⑥ 

④ ユイがテウに______________ました。

⑤ 健太さんがさくらさんにかわいい______________ました。

⑥ 私は健太さんに____________________________ました。

새단어 アイスクリーム 아이스크림 | コンサート 콘서트 | チケット 티켓

3 다음 문장을 일본어로 옮기세요.

① 크리스마스에 당신은 나한테 무엇을 줄 거에요?

→ ______________________________

② 아버지의 날 당신은 아버님에게 무엇을 드릴 거에요?

→ ______________________________

③ 친구가 나에게 결혼식 사진을 보여주었다.

→ ______________________________

④ 나는 그녀를 지켜주고 싶다.

→ ______________________________

심심풀이 JLPT

4 다음 문장의 (　　)에 들어갈 가장 적합한 말을 하나 고르세요.

① バレンタインデーに、友達(ともだち)が兄(あに)にチョコレートを(　　　)ました。

1　くれ　　　2　さしあげ
3　あげ　　　4　ください

② 一時帰国(いちじきこく)した僕(ぼく)はリさんに家族(かぞく)の写真(しゃしん)を撮(と)ってきて(　　　)ました。

1　あげ　　　2　もらわ
3　くれ　　　4　ください

③ 彼女(かのじょ)がなかなかプロポーズして(　　　)ないから、とても不安(ふあん)です。

1　あげ　　　2　もらわ
3　くれ　　　4　さしあげ

새단어 父(ちち)の日(ひ) 아버지의 날 | 結婚式(けっこんしき) 결혼식 | 守(まも)る 지키다 | 一時帰国(いちじきこく) 일시 귀국 | プロポーズ 프로포즈 | 不安(ふあん)だ 불안하다

5 보기의 단어를 참고해 (　　)안에 알맞은 표현을 쓰고, 밑줄 친 부분을 해석하세요.

僕の家はケーキ屋です。子供のころ、友達はみんなうらやましいと言っていました。しかし僕には不満がありました。父は毎日忙しくて僕を一度も遊園地に(　　데리고 가 준　　)ことがなかったからです。でも、今の僕の夢はケーキ屋になることです。<u>父はこれまでおいしいケーキを作って多くの人を幸せにしてきました</u>。僕も立派なケーキ屋になってみんなを(　　행복하게 해주고 싶습니다　　)。

해석 → ________________________________

보기 連れて行く　　幸せにする

새단어 連れていく 데리고 가다 | ケーキ屋や 제과점 | うらやましい 부럽다 | 不満ふまん 불만 | 遊園地ゆうえんち 유원지 | 多おおくの人ひと 많은 사람 | 幸しあわせだ 행복하다

생활 속 일본어 PLUS

〈식당〉

점원

ご注文よろしいでしょうか。

お飲み物は、何になさいますか。

손님

何がおすすめですか。

今日の「日替わりランチ」は何ですか。

これにします。

あれと同じのをください。

쉬어가기

닛코(日光)

닛코(日光)는 일본의 관동지방 도치기 현(栃木県)의 북서부에 있으며, 도쿄에서 북쪽으로 약 120킬로미터 떨어진 곳에 위치한 국제적인 관광지이다. 닛코 소재의 도쇼구(東照宮), 후타라산 신사(二荒山神社), 린노지(輪王寺)는 현재 유네스코 세계유산으로 지정되어 있을 정도로 닛코 관광의 핵심지다. 특히 도쿠가와 이에야스(徳川家康)의 사당인 도쇼구(東照宮)는 "日光を見ぬうちは結構と言うな(닛코에 있는 도쇼구를 보기 전에는 다른 건축물을 보고 훌륭하다고 하지 마라)"라는 말이 있을 정도로 사당 건축의 백미로 손꼽힌다. 입구에 들어서면 정문인 요메이몬(陽明門)이 보이는데, 화려한 채색으로 장식된 이 문은 일본 에도시대 초기의 독특한 건축양식을 한눈에 파악할 수 있다.

닛코의 또 다른 관광명소로는 닛코 국립공원 안에 위치한 추젠지코 호수(中禅寺湖)와 게곤 폭포(華厳ノ滝)를 들 수 있다. 일본 백경의 하나인 추젠지코 호수(中禅寺湖)는 화산의 용암 분출로 인해 계곡이 막혀 형성된 거대한 호수이다. 일본 3대 폭포 중의 하나인 게곤 폭포(華厳ノ滝)는 추젠지코 호수에서 흘러나온 물에 의해 형성된 폭포로, 101미터 높이에서 2단계로 낙하하며 중간부터는 12개의 작은 폭포와 함께 어우러져 낙하하는 모습이 장관을 이룬다. 한 가지 특이한 사항은 폭포 정상에서 폭포 아래까지 엘리베이터가 설치되어 있어 장관을 바로 눈앞에서 생생하게 볼 수 있다는 점이다.

UNIT

05 いっしょに映画を見に行こう。

학습 포인트
- もらう　받다
- う(よう)　~하자
- と思う　~라고 생각하다, ~것 같다
- てもらう　~해 받다

Pattern Practice 1

1

僕(ぼく) / 友達(ともだち) / 招待券(しょうたいけん)

→ 僕(ぼく)は友達(ともだち)に(から)招待券(しょうたいけん)をもらった。

1 僕(ぼく) / 田中(たなか)さん / コーヒーカップ → ______

2 私(わたし) / 会社(かいしゃ) / ボーナス → ______

3 彼女(かのじょ) / 彼(かれ) / バラの花(はな) → ______

2

一緒(いっしょ)に映画(えいが)を見(み)に行く

→ 一緒(いっしょ)に映画(えいが)を見(み)に行こう。

1 みんな元気(げんき)出(だ)す → ______

2 帰(かえ)りに一杯(いっぱい)飲(の)む → ______

3 九九(くく)を覚(おぼ)える → ______

새단어 招待券しょうたいけん 초대권 | カップ 컵 | 元気げんき出だす 힘내다 | 帰かえりに 돌아가는 길에 | 九九くく 구구단 | 覚おぼえる 외우다, 익히다

Dialogue 1

유이는 같은 일본어 학교 친구인 왕과 시부야로 영화를 보러 가기로 했다. Track 09

ワン	ユイさん、明日一緒に映画を見に行こう。 招待券をもらったんだ。
ユイ	どんな映画。
ワン	ミステリー映画。
ユイ	何時に始まるの？
ワン	午後二時からなので、一時に渋谷のハチ公前で 会おうか。
ユイ	わかった。じゃ、一時にハチ公前で。

새단어

ミステリー 미스테리 | ～の 거야? | 渋谷しぶや 시부야 | ハチ公前こうまえ 하치코 동상 앞(시부야 역 앞의 충견 동상이 있는 곳으로 약속장소로도 유명하다)

Pattern Practice 2

3 映画館のそばにラーメン屋さんがあった
→ 映画館のそばにラーメン屋さんがあったと思います。

1 課長は2時までにはもどってくる
→ ______________________

2 6時だから、もう授業は終わった
→ ______________________

3 日本語はとてもおもしろい
→ ______________________

4 僕 / お父さん / 時計 / 買う
→ 僕はお父さんに(から)時計を買ってもらった。

1 私 / 健太さん / 宿題 / 手伝う
→ ______________________

2 私 / 田中さん / 日本の歌 / 教える
→ ______________________

3 彼 / 店員さん / アイフォーンの使い方 / 説明する
→ ______________________

새단어 映画館えいがかん 영화관 | ～までに (늦어도, 적어도) ~까지 | 宿題しゅくだい 숙제 | 手伝てつだう 돕다

Dialogue 2

시부야에서 만나기로 한 유이와 왕.
유이는 조금 늦게 약속장소에 도착해 이야기하고 있다.

Track 10

ユイ	ごめん、ごめん。電車(でんしゃ)が遅(おく)れてしまって。
ワン	大丈夫(だいじょうぶ)、まだ時間(じかん)は十分(じゅうぶん)あるから。
ユイ	ワンさん、いい時計(とけい)をしているわね。
ワン	これ？これはお父(とう)さんに買(か)ってもらったんだ。
ユイ	そう。ああ、私(わたし)お腹(なか)ペコペコ。 ラーメンでも食(た)べようか。
ワン	映画館(えいがかん)のそばにラーメン屋(や)さんがあったと思(おも)う。

새단어

ごめん 미안 | 大丈夫だいじょうぶだ 괜찮다 | 十分じゅうぶん 충분히 | ぺこぺこ 배가 몹시 고픔

Grammar Preview

① もらう　　받다

- 私は彼にワインをもらいました。
- 彼は彼女からセーターをもらいました。
- 先生は学校の経営者から給料をもらいました。
- ときどき息子はおじいちゃんに小遣いをもらいます。

② 동사 의지형 + う(よう)　　~하자

- コーヒー入れようか。
- 英語で遊ぼう。
- 窓を開けて、空気を入れ替えようよ。
- 休みの日は、子供といっしょにお出かけしよう。

＊ う(よう)형 도표는 6과 참조

새단어
経営者けいえいしゃ 경영자 | ときどき 때때로 | おじいちゃん 할아버지 | コーヒーを入いれる 커피를 끓이다(내오다) | 入いれ替かえる 바꾸어 넣다 | 出でかける 나가다, 외출하다

3 ～と思う

～라고 생각하다, ～것 같다

- テウさんはもうすぐ来(く)ると思(おも)います。
- 主人(しゅじん)は、今日(きょう)は遅(おそ)くなると思(おも)います。
- あの作品(さくひん)は、すてきですばらしいと思(おも)います。
- 愛(あい)ちゃんはかわいくてきれいだと思(おも)います。

4 동사て형＋てもらう

～해 받다

- 私(わたし)はいつも彼(かれ)にかばんを持(も)ってもらいます。
- 私(わたし)は母(はは)にバックを買(か)ってもらいました。
- 私(わたし)は渋谷(しぶや)のヘアサロンで髪(かみ)を切(き)ってもらった。
- 部長(ぶちょう)は課長(かちょう)にプロジェクターをセットしてもらった。

새단어 作品さくひん 작품 | すてきだ 멋있다, 근사하다 | ヘアサロン 헤어 살롱 | プロジェクター 프로젝터

정중체 · 보통체

종류 품사	정중체	보통체
동사	見ます 見ますか 見ました 見ましたか 見ません 見ませんでした	見る 見る? (見るの?) 見た 見た? (見たの?) 見ない 見なかった
명사문	雨です 雨でした 雨ではありません 雨ではありませんでした	雨だ 雨だった 雨ではない 雨ではなかった
い형용사	暑いです 暑かったです 暑くありません 暑くありませんでした	暑い 暑かった 暑くない 暑くなかった
な형용사	元気です 元気でした 元気ではありません 元気ではありませんでした	元気だ 元気だった 元気ではない 元気ではなかった

정중체vs보통체 연습문제

	보통형	부정형	과거형
買います	買う	買わない	買った
行きます			
話します			
飲みます			
乗ります			
帰ります			
呼びます			
着ます			
起きます			
出ます			
覚えます			
掃除します			
来ます			
寒いです			
静かです			
学生です			

UNIT 05 Review

1 다음 ______에 「う(よう)」「と思う」「てもらう」 중 적합한 표현을 사용해 문장을 완성하세요.

① 私たちの豊かな自然を守る。

→ 自然を______________。

② いっしょにプロポーズの言葉を考える。

→ 言葉を______________。

③ 今学期からは一生懸命に勉強する。

→ 一生懸命に______________。

④ 妻は、5時ごろには家に帰ります。

→ 家に______________ます。

⑤ うちの犬はとてもかわいいです。

→ とても______________ます。

⑥ テウさんはもうすぐ来ます。

→ もうすぐ______________ます。

⑦ 夫が私にダイヤのネックレスを買ってくれた。

→ 私は夫に______________、うれしかった。

⑧ 先輩が僕にきれいな後輩を紹介してくれた。

→ 僕は先輩に______________、うれしかった。

새단어 豊ゆたかだ 풍요롭다 | 自然しぜん 자연 | 今学期こんがっき 이번 학기 | もうすぐ 이제 곧 | ダイヤ 다이아몬드 | 後輩こうはい 후배

2 다음 그림을 참고로 회화를 완성하세요.

①  ②  ③ 

① A: 健太さんはどこにいますか。
B: 事務室に__________思います。

② A: あの先生の授業はおもしろいですか。
B: ええ、とても__________思います。

③ A: テウさんはどんな人ですか。
B: まじめで__________思います。

④  ⑤  ⑥ 

④ A: お腹すいたね。何か食べようか。
B: うん、そう__________。 [する]

⑤ A: ライオンに触ろう。
B: 恐いよ。__________。 [止す]

⑥ A: 10時になっても来ないから、そろそろ帰ろうか。
B: もう少し__________。 [待つ]

새단어 ライオン 사자 | 触さわる 만지다 | 恐こわい 무섭다 | 止よす 그만두다

3 다음 문장을 일본어로 옮기세요.

① 내 여동생은 학교에서 노력상을 받았다.

→ ____________________

② 회사까지 천천히 걸어가자.

→ ____________________

③ 내 여자 친구가 가장 예쁘다고 생각합니다.

→ ____________________

④ 태우는 사쿠라에게 츠키지 시장을 안내받았다.

→ ____________________

심심풀이 JLPT

4 다음 문장의 (　　)에 들어갈 가장 적합한 말을 하나 고르세요.

① 好(す)きな音楽(おんがく)を聞(き)きながら、楽(たの)しく(　　　　)。

1　はしよう　　2　はしろう　　3　はしりよう　　4　はしりろう

② A：田中(たなか)さんは何時(なんじ)ごろ会社(かいしゃ)に帰(かえ)りますか。

B：5時(じ)ごろには(　　　　)と思(おも)います。

1　帰ろう　　2　帰る　　3　帰らない　　4　帰りたい

③ A：昨日(きのう)、田中(たなか)さんが結婚式(けっこんしき)の写真(しゃしん)を見(み)せて(　　　　)ましたよ。

B：あ、僕(ぼく)も見(み)せて(　　　　)ました。

1　もらい, くれ　　2　もらい, もらい

3　くれ, くれ　　4　くれ, もらい

새단어 努力賞(どりょくしょう) 노력상 | 築地市場(つきじいちば) 츠키지 시장 | 楽(たの)しい 즐겁다

5 보기의 단어를 참고해 (　　)안에 알맞은 표현을 쓰고, 밑줄 친 부분을 해석하세요.

私の母は植物が好きで、いろんな花を植えています。母は植物の名前をよく知っています。私も母にいろんな植物の名前を(가르쳐 받았습니다)。私たちは名前の分からない草を雑草と言います。でも雑草という名前の草はありません。みんな名前を持っているのです。私は新しい植物の名前を覚えるたびに、友達が一人増えた気がします。同じ地球に住む友達の名前をもっともっと(　　익히고 싶다고 생각합니다　　)。

해석 → ____________________

보기　覚える　教える

새단어　植物しょくぶつ 식물 | いろんな 여러 가지의, 다양한 | 植うえる 심다 | 草くさ 풀 | 雑草ざっそう 잡초 | ～たびに 때마다 | 気きがする 생각이 들다 | 地球ちきゅう 지구

생활 속 일본어 PLUS

〈정중한 말 VS 반말(명령)〉

정중 お久(ひさ)しぶりです。
반말 お久(ひさ)しぶり。

정중 ごめんなさい。
반말 ごめん。

정중 分(わ)かりました。
반말 分(わ)かった。

정중 気(き)をつけてください。
반말 気(き)をつけて。

정중 急(いそ)いでください。
반말 急(いそ)いで。

정중 これ、食(た)べますか？
반말 これ、食(た)べる？

정중 待(ま)ってください。
반말 待(ま)って。

정중 薬(くすり)を飲(の)んでください。
반말 薬(くすり)を飲(の)んで。

쉬어가기

시부야(渋谷)

도쿄 도(東京都)의 시부야 구(渋谷区)에 위치한 시부야(渋谷)는 신주쿠(新宿), 이케부쿠로(池袋) 등과 함께 도쿄 도의 대표적인 번화가 중의 하나다. 이곳은 젊은이들의 거리로도 유명하며 「세이부 백화점(西武百貨店)」, 「도큐 백화점(東急百貨店)」 등과 같은 백화점과 레스토랑 등이 즐비하다. 시부야에서 젊은 관광객들이 즐겨 찾는 곳으로는 NHK 스튜디오 파크, 만다라케 등을 들 수 있다.

NHK 스튜디오 파크는 일본 국영방송인 NHK의 방송 현장을 직접 둘러볼 수 있는 체험형 방송 박물관으로, NHK의 스튜디오 기술과 최첨단 영상기술, 그리고 NHK의 역사와 실제 방송 녹화 장면 등을 볼 수 있다. 만다라케는 만화와 애니메이션 천국인 일본의 매력을 마음껏 즐길 수 있는 중고 만화 · 애니메이션 전문점으로, 만화책과 애니메이션 DVD, CD, LD, 비디오를 비롯해 코스프레 의상, 캐릭터 장난감 등 수많은 상품이 진열되어 있다. 중고 전문점이라 가격은 정가의 반값 정도로 저렴하다.

또한 시부야 역 앞에는 주인이 세상을 떠난 이후에도 역에서 주인이 돌아오기를 기다렸다는 충견 하치코(忠犬ハチ公) 동상이 세워져 있는데, 사람들의 약속장소로도 널리 알려져 있다.

UNIT

06 新幹線で行くつもりです。

학습 포인트
- う(よう)と思う ~하려 (생각)하다
- つもりだ ~할 생각(작정)이다
- でしょう ~겠지요
- かもしれない ~지도 모른다

Pattern Practice 1

1
関西(かんさい)に旅行(りょこう)に行(い)く
→ 関西(かんさい)に旅行(りょこう)に行(い)こうと思(おも)っています。

1 私(わたし)は将来(しょうらい)医者(いしゃ)になる →
2 私(わたし)は彼氏(かれし)と別(わか)れる →
3 彼女(かのじょ)にプロポーズをする →

2
新幹線(しんかんせん)で行(い)きます
→ 新幹線(しんかんせん)で行(い)くつもりです。

1 私(わたし)は3月(さんがつ)から英会話(えいかいわ)スクールに通(かよ)います
→
2 駅(えき)から近(ちか)いアパートに引(ひ)っ越(こ)します
→
3 明日(あした)は友達(ともだち)と山登(やまのぼ)りをします →

새단어 関西かんさい 관서지방 | 将来しょうらい 장래 | 医者いしゃ 의사 | 別わかれる 헤어지다 | 英会話えいかいわスクール 영어회화학원 | 通かよう 다니다 | 引ひっ越こす 이사하다 | 山登やまのぼり 등산

Dialogue 1

유이가 교토에 살고 있는 겐타에게 전화해서 관서지방 여행에 대해 상의하고 있다.

Track 11

ユイ	もしもし、健太(けんた)さんですか。
健太	ああ、ユイさん？お久(ひさ)しぶり。
ユイ	あの、来週(らいしゅう)、テウさんといっしょに関西(かんさい)に旅行(りょこう)に行(い)こうと思(おも)っているんですが、忙(いそが)しいですか。
健太	週末(しゅうまつ)は大丈夫(だいじょうぶ)ですよ。新幹線(しんかんせん)ですか。
ユイ	はい、新幹線(しんかんせん)で行(い)くつもりです。
健太	じゃあ、土曜日(どようび)に京都駅(きょうとえき)で待(ま)ち合(あ)わせて一緒(いっしょ)に行(い)きましょう。

새단어

お久ひさしぶり 오랜만이다 | 待まち合あわせる (약속장소에서) 만나다

Pattern Practice 2 

③ 修学旅行の学生です

→ 修学旅行の学生でしょう。

1 彼女はきっといい先生になります

→ ________________

2 本場の焼きそばはもっとおいしいです

→ ________________

3 来週からはいい天気が続きます

→ ________________

④ 制服を着ているので、そうです

→ 制服を着ているので、そうかもしれません。

1 道が混んでいて、少し遅れます

→ ________________

2 天気がいい日は、ここから仁川が見えます

→ ________________

3 田中さんは辛いものが好きです

→ ________________

새단어 修学旅行しゅうがくりょこう 수학여행 | 本場ほんば 본고장 | 続つづく 계속되다 | 制服せいふく 제복, 교복 | 混こむ 붐비다, 막히다 | 辛からい 맵다

Dialogue 2

유이와 겐타, 태우가 나라(奈良)의 관광지인 도다이지(東大寺)를 구경하며 이야기를 나누고 있다.

Track 12

ユイ　これが有名(ゆうめい)な東大寺(とうだいじ)の大仏(だいぶつ)ですね。大(おお)きい！

健太　高(たか)さは15メートル、耳(みみ)の大(おお)きさが2.5メートルもあるんですよ。

テウ　すごい。建物(たてもの)も大(おお)きいですね。

健太　この大仏殿(だいぶつでん)は木造建築(もくぞうけんちく)としては世界最大(せかいさいだい)なんですよ。

ユイ　へえ！それにしても観光客(かんこうきゃく)が多(おお)いですね。修学旅行(しゅうがくりょこう)の学生(がくせい)でしょうか。

健太　制服(せいふく)を着(き)ているのでそうかもしれないですね。

새단어

有名ゆうめいだ 유명하다 | 東大寺とうだいじ 도다이지 | 大仏だいぶつ 대불, 큰 불상 | 高たかさ 높이 | メートル 미터 | 耳みみ 귀 | 大おおきさ 크기 | ある 되다(수량을 나타내는 말에 붙을 때) | 建物たてもの 건물 | 木造もくぞう 목조 | 建築けんちく 건축 | ～として 로서 | 世界最大せかいさいだい 세계 최대 | へえ 허! | それにしても 그렇다 해도

Grammar Preview

① 동사 의지형 + (よ)うと思う　～하려 (생각)하다

- 夏休(なつやす)みには国(くに)へ帰(かえ)ろうと思(おも)います。
- 今度(こんど)、髪(かみ)の色(いろ)を変(か)えようと思(おも)います。
- リフレッシュにいい場所(ばしょ)だから、また来(こ)ようと思(おも)います。
- 来年(らいねん)からは、ダイエットをしようと思(おも)っています。

② 동사 기본형 등 + つもりだ　～할 생각(작정)이다

- 私(わたし)は30歳(さんじゅっさい)までには結婚(けっこん)するつもりです。
- 年末(ねんまつ)にオーストリアにスキーをしに行(い)くつもりです。
- 明日(あした)のカクテルパーティーには着物(きもの)を着(き)て行(い)くつもりです。
- 子供(こども)が大(おお)きくなるまでは、働(はたら)かないつもりです。

새단어　髪かみの色いろ 머리 색깔 | 変かえる 바꾸다 | リフレッシュ 기분 전환 | 場所ばしょ 장소 | ダイエット 다이어트 | 年末ねんまつ 연말 | オーストリア 오스트리아 | カクテルパーティー 칵테일 파티

③ ～でしょう　～겠지요

- いつかは月(つき)に住(す)むことができるでしょう。
- 病院(びょういん)で診(み)てもらうのがいいでしょう。
- 今年(ことし)の夏(なつ)は全国的(ぜんこくてき)に暑(あつ)さが厳(きび)しいでしょう。
- 死(し)んだ後(あと)、人間(にんげん)はどうなるのでしょうか。

④ 동사 기본형 등 + かもしれない　～지도 모른다

- 雲(くも)が出(で)てきたから、雨(あめ)が降(ふ)るかもしれません。
- 来月(らいげつ)から大阪(おおさか)に転勤(てんきん)になるかもしれません。
- 今年(ことし)は去年(きょねん)より暑(あつ)いかもしれません。
- 彼(かれ)は今日(きょう)も暇(ひま)かもしれない。

새단어 いつか 언젠가 | 月つき 달 | 診みてもらう 진찰받다 | 全国的ぜんこくてきに 전국적으로 | 暑あつさ 더위 | 厳きびしい 기승을 부리다, 엄하다 | 人間にんげん 인간 | 雲くも 구름 | 転勤てんきん 전근 | 去年きょねん 작년 | ～より ~보다

의지형

1 1그룹 동사

어미를 오[-o]음(お단)으로 바꾸고 う를 붙인다.

어미	기본형	의지형	의지 · 권유 표현
う	いう (말하다)	いお	いおう (말해야지, 말하자)
く	かく (쓰다)	かこ	かこう (써야지, 쓰자)
す	おす (누르다)	おそ	おそう (눌러야지, 누르자)
つ	まつ (기다리다)	まと	まとう (기다려야지, 기다리자)
ぬ	しぬ (죽다)	しの	しのう (죽어야지, 죽자)
む	よむ (읽다)	よも	よもう (읽어야지, 읽자)
る	がんばる (노력하다)	がんばろ	がんばろう (노력해야지, 노력하자)
ぐ	ぬぐ (벗다)	ぬご	ぬごう (벗어야지, 벗자)
ぶ	とぶ (날다)	とぼ	とぼう (날아야지, 날자)

2 2그룹 동사

어미 る를 없애고 よう를 붙인다.

기본형	의지형	의지 · 권유 표현
みる (보다)	み~~る~~	みよう (봐야지, 보자)
おきる (일어나다)	おき~~る~~	おきよう (일어나야지, 일어나자)
ねる (자다)	ね~~る~~	ねよう (자야지, 자자)
たべる (먹다)	たべ~~る~~	たべよう (먹어야지, 먹자)

3 3그룹 동사

3그룹 동사는 2개밖에 없으므로 그대로 외운다.

기본형	의지형	의지 · 권유 표현
くる (오다)	こ	こよう (와야지, 오자)
する (하다)	し	しよう (해야지, 하자)

의지형 연습문제

	의지형	(よ)うと思う
買う	買おう	買おうと思う
行く		
話す		
立つ		
死ぬ		
飲む		
乗る		
切る		
帰る		
泳ぐ		
呼ぶ		
着る		
生きる		
降りる		
出る		
覚える		
捨てる		
運動する		
来る		

UNIT 06 Review

1 다음 ______에 「う(よう)と思う」「つもりだ」「でしょう」「かもしれません」 중 적합한 표현을 사용해 문장을 완성하세요.

① 友達と花火大会を見に行きます。

→ 見に______________。

② 今年はマラソンにチャレンジします。

→ マラソンに______________。

③ 夏休みには、海に行きます。

→ 海に______________です。

④ 今夜のパーティーでは、白いロングドレスを着ます。

→ ロングドレスを______________です。

⑤ 明日はたぶん雪が降ります。

→ たぶん______________。

⑥ 今年の冬は去年よりもっと寒いです。

→ もっと______________。

⑦ 父は今の会社を辞めます。

→ 会社を______________。

⑧ ワンさんは納豆が嫌いです。

→ 納豆が______________。

새단어 花火大会はなびたいかい 불꽃축제 | マラソン 마라톤 | チャレンジする 도전하다 | ロングドレス 롱 드레스 | たぶん 아마 | 辞やめる 그만두다 | 納豆なっとう 낫토

2 다음 그림을 참고로 회화를 완성하세요.

① 

② 

③ 

① A：昼(ひる)ごはんは何(なに)を食(た)べますか。

B：とんカツを_______________思(おも)います。

② A：来年(らいねん)もこのリゾートに来(き)ますか。

B：はい、来年(らいねん)もまた_______________思(おも)います。

③ A：日曜日(にちようび)には何(なに)をしますか。

B：家内(かない)と映画(えいが)を_______________思(おも)います。

④ 

⑤ 

⑥ 

④ A: デパートはまだ開(ひら)いているでしょうか。

B: さあ、8時過(はちじす)ぎだから、もう_______________しれません。 [閉まる]

⑤ A: あの男(おとこ)の人(ひと)はどうなるでしょうか。

B: 縄(なわ)から_______________しれません。 [落ちる]

⑥ A: 目(め)の錯覚(さっかく)でしょう。

B: ほんとうに_______________しれません。 [浮く]

새단어 とんカツ 돈까스 | リゾート 리조트 | 開(ひら)く 열리다 | さあ 글쎄요 | 過(す)ぎ 지남 | 閉(し)まる 닫히다 | 縄(なわ) 줄 | 落(お)ちる 떨어지다 | 錯覚(さっかく) 착각 | ほんとうに 정말로 | 浮(う)く 뜨다

3 다음 문장을 일본어로 옮기세요.

① 리포트는 내일까지 쓰려고 생각하고 있습니다.

→ ______________________________

② 오늘은 아무것도 하지 않을 작정입니다.

→ ______________________________

③ 오코노미야키는 오사카가 가장 맛있겠죠.

→ ______________________________

④ 이 방은 겨울에도 춥지 않을지도 모릅니다.

→ ______________________________

심심풀이 JLPT

4 다음 문장의 (　　)에 들어갈 가장 적합한 말을 하나 고르세요.

① 旅行の計画は、これから友達と会って(　　　　　　)。

1 決まりたいと思います　　2 決めようと思います

3 決まろうと思います　　4 決めろうと思います

② 試験に合格するまで、私は日本語を一日5時間勉強(　　　　　　)です。

1 するところ　　2 するから　　3 するそう　　4 するつもり

③ A：誰も電話に出ません。

B：まだ誰も帰って(　　　　　　)。

1 いないかもしれません　　2 いなければなりません

3 いないでください　　4 いないつもりです

새단어 レポート 리포트 | 計画けいかく 계획 | 決きめる 정하다 | 決きまる 정해지다 | 合格ごうかくする 합격하다 | 電話でんわに出でる 전화를 받다

5 보기의 단어를 참고해 (　　)안에 알맞은 표현을 쓰고, 밑줄 친 부분을 해석하세요.

私は読書はあまり好きではありませんでした。でもあることをきっかけに読書が(대단히 좋아하게 되었습니다)。それは中学の時の朝の読書運動でした。授業の前に毎朝３０分、好きな本を読むのです。本は漫画以外どんな本でもかまいません。<u>最初はめんどうくさかったですが、毎日読んでいてすっかり本が好きになりました</u>。これからも私はいっぱい本を(읽을 작정입니다)。そしていつかは自分で本を(쓰려고 생각하고 있습니다)。

해석 → ______________________________

보기 大好きだ　書く　読む

새단어 読書どくしょ 독서 | あまり 그다지 | きっかけ 계기 | 以外いがい 이외 | かまいません 상관 없습니다 | 最初さいしょ 처음, 최초 | めんどうくさい 귀찮다 | すっかり 완전히, 아주 | 自分じぶんで 직접, 스스로

생활 속 일본어 PLUS

〈약속〉

いつ、どこで待ち合わせますか。

6時に、東京駅の10番ホームで待ち合わせましょう。

明日の午後は、空いていますか。

午後3時ごろなら空いています。

今日これから何か用事がありますか。

残念ですが、ちょっと都合が悪いんです。

쉬어가기

나라(奈良)

나라(奈良)는 오사카 부(大阪府), 교토 부(京都府), 와카야마 현(和歌山県), 미에 현(三重県)으로 둘러싸인 내륙 현(県)이다. 나라(奈良)의 대표적인 관광명소로는 도다이지(東大寺)와 나라 공원(奈良公園)을 비롯하여 국보와 중요문화재 등 3000점의 보물급 자료를 전시하고 있는 카스가 신사(春日神社), 담징의 금당벽화로 잘 알려진 호류지(法隆寺) 등이 있다.

도다이지(東大寺)는 세계문화유산으로 지정된 사찰로, 본당은 세계에서 가장 큰 목조 건축물이다. 도다이지(東大寺)의 경내에 있는 대불(大仏)은 앉은키가 약 15미터, 눈이 약 1미터, 입이 약 1.3미터, 가운뎃 손가락의 길이가 약 1미터나 되는 등 그 크기가 어마어마한 것으로도 유명하다.

또한 나라 공원(奈良公園)은 동서 4킬로미터, 남북 2킬로미터나 되는 넓은 잔디밭에서 노니는 1200여 마리의 사슴 공원으로 유명하다. 주변에는 도다이지(東大寺), 카스가 신사(春日神社)와 같은 일본을 대표하는 절과 신사가 있어 연중 국내외 관광객들로 붐빈다. 특히 공원 안의 매점에는 사슴용 과자인 사슴 센베이(鹿煎餅)를 팔기도 하며, 사슴들에게 "おはようございます"하고 인사하면 사슴들도 고개를 끄덕이며 인사를 하며 반응을 보인다.

우리나라에서 관서(関西)지방을 여행할 때는 대부분 간사이 국제공항으로 들어가서 오사카(大阪)와 교토(京都)를 관광한 후에 나라(奈良)를 관광하는 경우가 많은데, 교토에서는 近鉄京都線 특급이나 급행을 이용하면 곧바로 나라(奈良)까지 갈 수 있다.

UNIT 07

大阪の街がひと目で見られますね。

학습 포인트
- 가능동사
- ようにする　~하도록 하다
- なければならない　~해야 한다
- てもらいたい　~해 주었으면 좋겠다

Pattern Practice 1

1

大阪(おおさか)の街(まち)をひと目(め)で見(み)る
→ 大阪(おおさか)の街(まち)がひと目(め)で見(み)(ら)れます。

1 この店(みせ)では割引(わりびき)クーポンを使(つか)う →

2 韓国(かんこく)でもおいしいすしを食(た)べる →

3 今晩(こんばん)の飲(の)み会(かい)には来(く)る(か) →

2

気(き)をつけます
→ 気(き)をつけるようにします。

1 これからはいろいろなものを食(た)べます →

2 明日(あした)からは早寝早起(はやねはやお)きします →

3 これからは遅刻(ちこく)しません →

새단어　ひと目めで 한 눈에 | 割引わりびきクーポン 할인쿠폰 | 飲のみ会かい 술모임 | 気きをつける 조심하다, 주의하다 | 早寝早起はやねはやおき 일찍 자고 일찍 일어남 | 遅刻ちこく 지각

Dialogue 1

겐타와 유이, 태우는 나라에 이어 오사카의 상징인 오사카성에 들렀다. Track 13

健太	ここが大阪(おおさか)のシンボル、大阪城(おおさかじょう)です。
ユイ	立派(りっぱ)なお城(しろ)ですね。
健太	天守閣(てんしゅかく)まで登(のぼ)りましょうか。
ユイ	ええ？あんな高(たか)い所(ところ)まで登(のぼ)るんですか。
健太	大丈夫(だいじょうぶ)ですよ。途中(とちゅう)までエレベーターもあるので。
	（天守閣(てんしゅかく)）
テウ	わあ、大阪(おおさか)の街(まち)がひと目(め)で見(み)られますね。
健太	テウさん、あまり身(み)を乗(の)り出(だ)さないでください。危(あぶ)ないですよ。
テウ	はい。気(き)をつけるようにします。

새단어
シンボル 상징 | 大阪城おおさかじょう 오사카성 | お城しろ 성 | 天守閣てんしゅかく 천수각(오사카성의 상징적인 건물) | ええ 예? | あんな 저런 | 所ところ 곳 | 途中とちゅう 도중 | あまり 너무 | 身みを乗のり出だす 몸을 앞으로 내밀다

Pattern **Practice 2**

③

だいぶ歩く

→ だいぶ歩かなければなりません。

1 運転する時は、シートベルトをする

→ ____________________

2 月末までには、家賃を払う

→ ____________________

3 門限がありますから、11時までに帰る

→ ____________________

④

道頓堀まで行く道を教える

→ 道頓堀まで行く道を教えてもらいたいんです。

1 私の将来を占う

→ ____________________

2 オイルを調べる

→ ____________________

3 荷物を運ぶのを手伝う

→ ____________________

새단어

たいぶ 꽤, 상당히 | シートベルト 안전벨트 | 月末げつまつ 월말 | 家賃やちん 집세 | 門限もんげん 귀가 시간 | 道頓堀どうとんぼり 도톤보리(오사카의 유명한 거리) | 将来しょうらい 장래, 미래 | 占うらなう 점치다 | オイル 오일 | 調しらべる 조사하다, 체크하다 | 運はこぶ 나르다, 운반하다

Dialogue 2

태우, 겐타, 유이 세 사람은 오코노미야키를 먹으러 도톤보리에 가기로 했다.

Track 14

テウ	そろそろお昼(ひる)ですね。どこかおいしいところへ連(つ)れて行(い)ってください。
健太	何(なに)が食(た)べたいですか。
ユイ	やはり大阪名物(おおさかめいぶつ)のお好(この)み焼(や)きが食(た)べたいです。
健太	では道頓堀(どうとんぼり)まで行(い)きましょうか。 (通行人(つうこうにん)に向(む)かって) すみません。ここから道頓堀(どうとんぼり)まで行(い)く道(みち)を教(おし)えてもらいたいんですが。
通行人	道頓堀(どうとんぼり)ですか。この道(みち)をまっすぐ進(すす)んでください。橋(はし)があります。橋(はし)の左側(ひだりがわ)が道頓堀(どうとんぼり)です。
健太	だいぶ歩(ある)かなければなりませんか。
通行人	そんなに遠(とお)くないです。

새단어

連つれる 데리고 가다(오다) | やはり 역시 | 名物めいぶつ 명물 | 通行人つうこうにん 지나가는 사람 | ～に向むかって ～을 향해서 | まっすぐ 똑바로 | 進すすむ 전진하다 | 橋はし 다리 | 左側ひだりがわ 왼편 | そんなに 그렇게 | 遠とおい 멀다

Grammar Preview

1 가능동사

- 飲み放題だから、お酒はいくらでも**飲めます**。
- 賞味期限というのはおいしく**食べ(ら)れる**期間です。
- 新幹線の切符は、普通の駅でも**買えますか**。
- この猿は、車の運転もスキーも**できます**。

2 동사 기본형 등＋ようにする　～하도록 하다

- 運動不足だから、今年はジョギングを**するようにします**。
- 外国を旅行する時、パスポートを**忘れないようにしましょう**。
- 甘いものはあまり**食べないようにしています**。
- 生活が大変ですから、無駄遣い**しないようにしています**。

새단어 飲のみ放題ほうだい 음료 무제한 | いくらでも 얼마든지 | 賞味期限しょうみきげん 유통기한 | ～というのは ～라고 하는 것은 | 期間きかん 기간 | 普通ふつう 보통 | 不足ふそく 부족(～不足ぶそく) | ジョギング 조깅 | パスポート 여권 | 生活せいかつ 생활 | 大変たいへんだ 힘들다, 큰일나다 | 無駄遣むだづかい 낭비

③ 동사 ない형 + なければならない ~해야 한다

- 社員(しゃいん)は会社(かいしゃ)の規則(きそく)を守(まも)らなければなりません。
- 粗大(そだい)ごみを捨(す)てるときは、お金(かね)を払(はら)わなければならない。
- 車(くるま)を運転(うんてん)するには免許(めんきょ)を取(と)らなければならない。
- そろそろ帰(かえ)らなければならない時間(じかん)です。

④ 동사 て형 + てもらいたい ~해 주었으면 좋겠다(한다)

- これ、ちょっと貸(か)してもらいたいんですが。
- 裏面(うらめん)を再利用(さいりよう)してもらいたいです。
- 今日(きょう)はシャンプーもして、カットもしてもらいたいんです。
- ラッシュアワーだけは電車(でんしゃ)の数(かず)を増(ふ)やしてもらいたいんです。

새단어

規則きそく 규칙 | 粗大そだいごみ 대형 쓰레기 | ~には ~(하)려면 | 免許めんきょを取とる 면허를 따다 | 貸かす 빌려주다 | 裏面うらめん 뒷면 | 再利用さいりよう 재사용 | シャンプーする 머리 감다 | カット 커트 | ラッシュアワー 러시 아워 | 数かず 수 | 増ふやす 늘리다

가능동사 만들기

일반동사를 가능동사로 만드는 방법은 다음과 같다.

동사	기본형	가능형	가능동사
1그룹동사		어미 え단+る	
	書く	かけ+る	書ける (쓸 수 있다)
	会う	あえ+る	会える (만날 수 있다)
2그룹동사		동사의 ない형+られる	
	食べる	たべ~~る~~+られる	食べられる (먹을 수 있다)
	見る	み~~る~~+られる	見られる (볼 수 있다)
		*어미 え단+る	
	食べる	たべれ+る	食べれる (먹을 수 있다)
	見る	みれ+る	見れる (볼 수 있다)
3그룹동사	くる	불규칙	こられる (올 수 있다) これる (올 수 있다)
	する		できる (할 수 있다)

가능동사 및 의무표현 연습문제

	가능동사	なければならない
買う	買える	買わなければならない
行く		
話す		
待つ		
死ぬ		
飲む		
乗る		
切る		
帰る		
泳ぐ		
呼ぶ		
着る	/	
生きる	/	
降りる	/	
出る	/	
覚える	/	
やめる	/	
来る	/	
運動する		

UNIT 07 Review

1 다음 ______에 「가능동사」「ようにする」「なければならない」「てもらいたい」 중 적합한 표현을 사용해 문장을 완성하세요.

① 仕事があるから、すぐには帰りません。

→ すぐには______________。

② 明日は何時までに来ますか。

→ 何時までに______________。

③ これからは毎日英語を勉強します。

→ 英語を______________ます。

④ 毎日忙しいですが、必ず新聞を読んでいます。

→ 新聞を______________ます。

⑤ 仕事上、日本語を話します。

→ 日本語を______________。

⑥ 今月末までに税金を払います。

→ 税金を______________。

⑦ 土曜日までに待ち合わせ場所を決めてください。

→ 場所を______________です。

⑧ 今年はサンタさん、家に来てください。

→ 家に______________です。

새단어 必かならず 반드시, 꼭 | ～上じょう ～상 | 税金ぜいきん 세금 | サンタさん 산타 할아버지

2 다음 그림을 참고로 회화를 완성하세요.

① 

② 

③ 

① A : この犬(いぬ)は、何(なに)ができますか。

B : その犬(いぬ)は2本足(にほんあし)で＿＿＿＿＿＿＿＿ます。

② A : このロボットは、何(なに)ができますか。

B : そのロボットは＿＿＿＿＿＿＿＿ます。

③ A : この鳥(とり)は、何(なに)ができますか。

B : その鳥(とり)は＿＿＿＿＿＿＿＿＿＿ます。

④ 

⑤ 

⑥ 

④ A : 工事現場(こうじげんば)を見物(けんぶつ)したいんです。

B : ヘルメットを＿＿＿＿＿＿＿＿なりません。

⑤ A : ホテルに泊(と)まりたいんです。

B : 予約(よやく)＿＿＿＿＿＿＿＿なりません。

⑥ A : 小(ちい)さい字(じ)がよく見(み)えません。

B : 眼鏡(めがね)を＿＿＿＿＿＿＿＿なりません。

새단어

2本足にほんあし 두 발 | 鳥とり 새 | 工事現場こうじげんば 공사 현장 | 見物けんぶつ 구경 | ヘルメット 헬멧 | かぶる 쓰다 | 泊とまる 묵다 | 字じ 글씨 | 見みえる 보이다 | 眼鏡めがね 안경 | かける 쓰다

3 다음 문장을 일본어로 옮기세요.

① 열쇠가 없어서 안에 들어갈 수가 없습니다.

→ ______________________________

② 건강을 위해 매일 운동하도록 하겠습니다.

→ ______________________________

③ 맛없는 음식이라도 돈을 지불해야 합니까?

→ ______________________________

④ 노래방에서 남자친구가 불러주었으면 하는 노래는 무엇입니까?

→ ______________________________

심심풀이 JLPT

4 다음 문장의 (　　)에 들어갈 가장 적합한 말을 하나 고르세요.

① A：東京(とうきょう)のマンションに住(す)みたいですか。

B：はい、そうです。でも高(たか)くて(　　　　　)。

1　買うかもしれません　　　2　買えません

3　買わなければなりません　　　4　買われません

② 日本(にほん)へ出発(しゅっぱつ)するまでに、日常会話(にちじょうかいわ)くらいは(　　　　　　)。

1　話すようにします　　　2　話せるようにします

3　話すことにします　　　4　話せることにします

③ あっ、ボールペンがない。ちょっと(　　　　　)が。

1　貸したいんです　　　2　貸してもらいたいんです

3　借りてくれたいんです　　　4　借りてもらいたいんです

새단어　鍵かぎ 열쇠 | 健康けんこう 건강 | カラオケ 노래방 | マンション 맨션, 아파트 | 出発しゅっぱつ 출발 | 日常会話にちじょうかいわ 일상회화

5 보기의 단어를 참고해 (　　)안에 알맞은 표현을 쓰고, 밑줄 친 부분을 해석하세요.

みなさんに一度(　먹어봐 주었으면 하는　)日本の食べ物の一つに「うめぼし」があります。ある時、一人の男が言いました。「私はうめぼし一つでご飯を一杯食べられるよ」。すると、もう一人の男が言いました。「私はうめぼしを見ているだけでご飯を一杯食べられるよ」。すっぱくて見ているだけでもつばが出るうめぼし。「こんなすっぱいもの(　못 먹어　)よ」とみなさんは(　말할지도 모르겠네요　)。

해석 → ______________________________

보기	食べてみる	食べる	言う

새단어 うめぼし 우메보시(매실장아찌) | 男おとこ 남자 | すると 그러자 | すっぱい 시다 | つば 침

생활 속 일본어 PLUS

〈교통, 길 묻기〉

すみません、プリンスホテルはどう行けばいいですか。

まっすぐ行くと、かどに交番があります。そこで聞いてください。

駅まで歩いてどれくらいかかりますか。

六本木に行きたいんですが、どこで乗り換えますか。

この電車は原宿まで行きますか。

新大久保に行くバスは何番ですか。

쉬어가기

오사카(大阪)

오사카 부(大阪府)는 혼슈(本州)의 관서(関西) 지방에 위치한 도시로, 그 중 오사카 시(大阪市)는 일본의 도쿄 23구(東京23区)와 요코하마 시(横浜市)에 이어 3번째로 인구가 많은 대도시이다.

오사카의 상징이라 할 수 있는 오사카 성(大阪城)은 임진왜란으로 우리도 잘 알고 있는 도요토미 히데요시(豊臣秀吉)가 축조한 성으로 16세기 말에 세워졌다. 오사카 성의 얼굴이라고 할 수 있는 천수각(天守閣)은 1층에서 7층까지는 역사자료관으로 당시의 무기, 갑옷, 민속자료 등이 전시되어 있고, 꼭대기 층인 8층에는 오사카의 동서남북을 모두 내려다볼 수 있는 전망대가 있다.

또한 오사카 시 중앙구에 위치한 도톤보리(道頓堀) 거리는 「京の着倒れ、大阪の食い倒れ(교토 사람들은 옷치장으로 살림을 거덜내고, 오사카 사람들은 먹고 마셔서 살림을 거덜낸다)」 라는 말이 있을 정도로 많은 음식점과 오락시설이 즐비하여 오사카 사람들의 사랑을 받을 뿐 아니라 많은 관광객들이 즐겨 찾는 곳이기도 하다.

그밖에도 근래 강력 추천 여행 코스로 급부상한 대규모 영화 테마파크인 유니버설 스튜디오 재팬(ユニバーサルスタジオ・ジャパン(USJ))은 16만 평의 광활한 부지에 할리우드 영화나 동화책을 테마로 만든 각종 어트랙션과 볼거리가 가득한 곳이다.

UNIT

08 みんな幸せそうですね。

학습 포인트
- そうだ(추측) ~것 같다, ~해 보이다
- そうだ(전달) ~라고 한다
- ようだ(추측) ~것 같다
- らしい(추측) ~것 같다

Pattern Practice 1

1
みんな幸(しあわ)せだ
→ みんな幸(しあわ)せそうです。

1 すみません、10分(じゅっぷん)くらい遅(おく)れる →
2 もうすぐミーティングが始(はじ)まる →
3 あの犬(いぬ)はこわい →

2
六甲山(ろっこうさん)からの夜景(やけい)は百万(ひゃくまん)ドルの夜景(やけい)と言(い)う
→ 六甲山(ろっこうさん)からの夜景(やけい)は百万(ひゃくまん)ドルの夜景(やけい)と言(い)うそうです。

1 社長(しゃちょう)は10分(じゅっぷん)ぐらい遅(おく)れる →
2 部長(ぶちょう)の家(いえ)は、とても大(おお)きい →
3 家族(かぞく)は、みんな元気(げんき)だ →

새단어 ミーティング 미팅 | 始はじまる 시작되다 | 六甲山ろっこうさん 롯코산 | 夜景やけい 야경 | 百万ひゃくまんドル 백만 불 | ~と言いう ~라고 (말)하다

Dialogue 1

유이와 태우와 겐타는 케이블카를 타고 롯코산에 올라가 야경을 보며 이야기를 나누고 있다.

Track 15

ユイ	わあ！すばらしい夜景！
健太	六甲山からの夜景は百万ドルの夜景と言うそうですよ。
ユイ	確かに、百万ドルの価値はありますね。
テウ	カップルもいっぱいいますね。
ユイ	みんな幸せそうですね。うらやましい。
テウ	健太さんは神戸の地震の時、どこにいたんですか。
健太	私は京都の自宅で寝ていましたが、びっくりして飛び起きました。幸い被害はありませんでしたが。
ユイ	地震があったのが信じられないほど神戸の街はおだやかですね。

새단어

確たしかに 분명히, 확실히 | 価値かち 가치 | うらやましい 부럽다 | 神戸こうべ 고베 | 地震じしん 지진 | 自宅じたく 자택 | 飛とび起おきる 벌떡 일어나다 | 幸さいわい 다행히 | 被害ひがい 피해 | 信しんじる 믿다 | ～ほど 정도로, 만큼 | 穏おだやかだ 평온하다

Pattern **Practice 2**

3 あれはジョーズのアトラクションです

→ あれはジョーズのアトラクションのようです。

1 この薬(くすり)は、確(たし)かによく効(き)く

→ ______________________

2 玄関(げんかん)に誰(だれ)か来(き)ている

→ ______________________

3 私(わたし)、ちょっとお酒(さけ)に酔(よ)った

→ ______________________

4 ジュラシックパークには、いろんな恐竜(きょうりゅう)がいておもしろい

→ ジュラシックパークには、いろんな恐竜(きょうりゅう)がいておもしろいらしい。

1 あそこには新(あたら)しいスーパーができる

→ ______________________

2 最近(さいきん)、このゲームが流行(はや)っている

→ ______________________

3 最近(さいきん)の子供(こども)はかなり忙(いそが)しい

→ ______________________

새단어 ジョーズ 죠스 | アトラクション 어트랙션 | 薬くすり 약 | 効きく 효과 있다, 잘 듣다 | 玄関げんかん 현관 | 酔よう 취하다 | ジュラシックパーク 쥬라기공원 | 恐竜きょうりゅう 공룡 | 流行はやる 유행하다 | かなり 꽤, 상당히

Dialogue 2

영화를 좋아하는 태우 일행은 유니버설 스튜디오를 찾아왔다.

Track 16

テウ	私は映画が大好きで、前からここに来るのを楽しみにしていたんです。
ユイ	ほらほら。あそこにスパイダーマンがいますよ。
テウ	向こうにはジュラシックパークもありますね。
健太	あれは何ですか。
ユイ	あれはジョーズのアトラクションのようですね。
健太	さあ、どこに入りましょうか。迷いますね。
テウ	ジュラシックパークには、いろんな恐竜がいておもしろいらしいですよ。
ユイ	じゃあ、そこにしましょう。 ジュラシックパークに向かって出発！

새단어

前まえから 전부터 | 楽たのしみにする 기대하다 | ほらほら 저것 봐! | スパイダーマン 스파이더맨 | 向むこう 건너편 | さあ 자아! | 迷まよう 헤매다, 망설이다 | 出発しゅっぱつ 출발

Grammar Preview

1 동사 ます형 등 + そうだ　～것 같다, ～해 보이다(추측)

- このドレスはあなたによく似合(にあ)いそうですね。
- お腹(なか)が空(す)いて死(し)にそうです。
- お元気(げんき)そうで、何(なに)よりです。
- やる気(き)なさそうに見(み)えますよ。

2 동사 기본형 등 + そうだ　～라고 한다(전달)

- 田中(たなか)さんは月(つき)に2回(かい)ぐらい映画(えいが)を見(み)るそうです。
- キムさんはソウルの郊外(こうがい)に家(いえ)を買(か)ったそうです。
- 東京(とうきょう)パン屋(や)さんのケーキはおいしいそうです。
- 家(いえ)が地下鉄(ちかてつ)の駅(えき)に近(ちか)くて便利(べんり)だそうです。

새단어　ドレス 드레스 | 似合にあう 어울리다 | 何なによりだ 무엇보다 다행이다 | やる気き 의욕 | 郊外こうがい 교외

3 동사 기본형 등 + ようだ
~것 같다(추측)

- このデジカメ、壊(こわ)れているようです。
- 少(すこ)し緊張(きんちょう)しているようですね。
- あ、雨(あめ)あがったようだね。じゃ、行(い)こう。
- この店(みせ)は、休(やす)みのようですね。

4 동사 기본형 등 + らしい
~것 같다(추측)

- 誰(だれ)かが私(わたし)を見(み)ているらしい。
- あのビジネスホテルは、安(やす)くてきれいでサービスもいいらしい。
- 彼女(かのじょ)のお母(かあ)さんは、有名(ゆうめい)な芸能人(げいのうじん)らしいです。
- 彼(かれ)はさっき転(ころ)んで、腰(こし)を打(う)ったらしい。

새단어 壊こわれる 부서지다, 고장나다 | 緊張きんちょうする 긴장하다 | 雨あめがあがる 비가 그치다 | ビジネスホテル 비즈니스 호텔 | サービス 서비스 | 芸能人げいのうじん 연예인 | 転ころぶ 넘어지다 | 腰こしを打うつ 허리를 다치다

UNIT 08 Review

1 다음 ______에 「そうだ(추측)」「そうだ(전달)」「ようだ(추측)」「らしい(추측)」 중 적합한 표현을 사용해 문장을 완성하세요.

① 台風で木が倒れます。

→ 木が__________________。

② ユイさんは明日の試験に自信があります。

→ 自信が__________________。

③ 健太さんは運動して6キロも痩せました。

→ 6キロも__________________。

④ 彼女はお風呂が好きです。

→ お風呂が__________________。

⑤ 健太さん、ずいぶん痩せましたね。

→ ずいぶん__________________。

⑥ 会社のパソコンが1台壊れています。

→ 1台__________________。

⑦ 彼女は、夜中に何度も目が覚めます。

→ 目が__________________。

⑧ 彼は、フランス料理が得意です。

→ フランス料理が__________________。

새단어 倒たおれる 쓰러지다, 넘어지다 | 自信じしん 자신(감) | キロ 킬로그램 | お風呂ふろ 목욕 | 夜中よなか 밤 중 | 何度なんども 몇 번이나 | 目めが覚さめる 잠을 깨다

2 다음 그림을 참고로 회화를 완성하세요.

①

②

③

① A : あの建物(たてもの)は＿＿＿＿＿＿＿＿＿ですね。
B : 大丈夫(だいじょうぶ)です。ぜったい倒(たお)れません。

② A : ＿＿＿＿＿＿＿＿＿ですね。
B : ええ、おかげさまで元気(げんき)です。

③ A : この問題(もんだい)は＿＿＿＿＿＿＿＿＿ですね。
B : いや、難(むずか)しくありません。

④

⑤

⑥

④ A : 健太(けんた)さんはどこに住(す)んでいるんですか。
B : 会社(かいしゃ)の寮(りょう)に＿＿＿＿＿＿＿＿＿です。 [전달의 そうだ]

⑤ A : 健太(けんた)さんの部屋(へや)はきれいですか。
B : はい、＿＿＿＿＿＿＿＿＿です。 [전달의 そうだ]

⑥ A : 社長(しゃちょう)の家(いえ)は広(ひろ)いんですか。
B : ええ、＿＿＿＿＿＿＿＿＿です。 [전달의 そうだ]

새단어 ぜったい 절대로

3 다음 문장을 일본어로 옮기세요.

① 바람이 강해서 불이 꺼질 것 같습니다.

→ ______________________________

② 과장님 집은 역에서 멀다고 합니다.

→ ______________________________

③ 나, 좀 술에 취한 것 같아요.

→ ______________________________

④ 자판기가 고장난 것 같아요.

→ ______________________________

심심풀이 JLPT

4 다음 문장의 (　　)에 들어갈 가장 적합한 말을 하나 고르세요.

① あ、危(あぶ)ない。石(いし)が(　　　　　)ですよ。

1　落ちそう　　　　2　落ちるそう

3　落ちるらしい　　4　落ちるよう

② 天気予報(てんきよほう)では、来週(らいしゅう)の天気(てんき)は(　　　　　)です。

1　よくなさそう　　　　2　よくなかったよう

3　よくなかったそう　　4　よくないそう

③ A：ぼくの踊(おど)り見(み)て、見(み)て。

B：すごい！すごい！マイケル・ジャクソンが(　　　　　)！

A：そうかい。マイケルのビデオをみて、ずいぶん練習(れんしゅう)したからね。

1　踊っているらしい　　　　2　踊っているようね

3　踊っているかもしれない　4　踊っているそうだ

새단어 消きえる 꺼지다 | 故障こしょうする 고장나다 | 天気予報てんきよほう 일기예보 | 踊おどり 춤 | マイケル・ジャクソン 마이클 잭슨 | 踊おどる 춤추다 | そうかい 그래? | 練習れんしゅう 연습

5 보기의 단어를 참고해 (　　)안에 알맞은 표현을 쓰고, 밑줄 친 부분을 해석하세요.

日本では最近、山登りをする人が増えています。中でもめだつのは中高年の人達です。彼らは仕事が忙しくて、これまでなかなか山登りができませんでした。今やっと自由な時間ができて、山登りを楽しんでいるんです。一方、若い女性たちの間でも、山登りを楽しむ人が(　늘고 있는 것 같습니다　)。休日、派手な登山服を着た女性たちをよく電車で見ます。彼女たちのことを山ガールと(　말한다고 합니다　)。

해석 → ____________________

보기 増える　　言う

새단어 めだつ 눈에 띄다, 두드러지다 | 中高年ちゅうこうねん 중년과 노년 | 人達ひとたち 사람들 | なかなか 좀처럼 | やっと 겨우 | 自由じゆうだ 자유롭다 | できる 생기다 | 楽たのしむ 즐기다 | 一方いっぽう 한편 | 間あいだ 사이 | 休日きゅうじつ 휴일 | 派手はでだ 화려하다 | 登山服とざんふく 등산복 | 山やまガール 등산녀

생활 속 일본어 PLUS

〈영화관에서의 매너 NG & OK〉

(OK)

くすくす
킥킥

はらはら
조마조마

うっとり
황홀하게

めそめそ
훌쩍훌쩍 울다

どきどき
두근두근

わくわく
마음이 설레는 모양

(NG)

ぺちゃくちゃ
재잘재잘

ばりばり
과자를 씹어먹는 소리

うとうと
꾸벅꾸벅

ぼりぼり
머리를 긁적긁적

げらげら
깔깔

わあわあ
엉엉 울다

쉬어가기

고베(神戸)

오사카에서 약 30킬로미터 떨어진 거리에 위치한 고베(神戸)는 효고 현(兵庫県)의 현청 소재지며 오사카 만(湾)에 면해 있는 국제적인 항구도시이다.

고베에는 다양한 관광 명소가 있는데, 우선 도심 북쪽을 둘러싸고 있는 일본의 명산 중의 하나인 롯코산(六甲山)은 케이블카나 로프웨이를 이용하여 아름다운 경치를 감상하면서 산 정상까지 오를 수 있다. 특히 산 정상에서 내려다보는 고베 시와 항구의 야경은 백만 불짜리 야경이라고 불릴 만큼 아름다워서 일본의 3대 야경 중의 하나로 꼽힌다. 롯코산(六甲山)의 북쪽에 위치한 아리마 온천(有馬温泉)은 오랜 역사와 전통을 자랑하는 일본 3대 온천 중의 하나이며, 아름다운 자연 경관에 둘러싸여 있어서 국내외 관광객들이 많이 찾는다.

또한 일본에서 세 번째로 큰 무역항구인 고베항(神戸港)에는 이색적인 분위기를 자아내는 다양한 시설들이 있는 메리켄 파크(メリケンパーク)와, 고베의 상징인 모래시계 형태의 고베 포트타워(神戸ポートタワー)가 있다. 메리켄 파크의 대형 관람차나 해양박물관(海洋博物館) 역시 고베항의 명물로 손꼽힌다.

그 이외의 관광 명소로는 1800년대 중반 고베항 개항과 함께 고베에 들어온 외국인들이 건설한 이국적인 저택의 기타노 이진관(北野異人館), 일본에서 가장 아름다운 성으로 찬사를 받는 히메지 성(姫路城), 다양한 쇼핑을 즐길 수 있어 젊은이들이 많이 찾는 하버랜드(ハーバーランド) 등이 있다.

UNIT

09 長崎と言えばやっぱりあれですよね。

학습 포인트
- ば　~(하)면
- と　~(하)면
- たら　~(하)면, ~(했)더니
- なら　~(라)면

Pattern Practice 1

1

長崎(ながさき)という / やっぱり長崎(ながさき)チャンポンですよね

→ 長崎(ながさき)といえば、やっぱり長崎(ながさき)チャンポンですよね。

1 雪(ゆき)が降(ふ)る / 地下鉄(ちかてつ)で行(い)きます → ______

2 電話番号(でんわばんごう)は104番(ひゃくよんばん)で聞(き)く / すぐ分(わ)かります

→ ______

3 お金(かね)がある / 海外旅行(かいがいりょこう)をしたいです

→ ______

2

港(みなと)を見(み)ている / 蝶々夫人(ちょうちょうふじん)の話(はなし)を思(おも)い出(だ)します

→ 港(みなと)を見(み)ていると、蝶々夫人(ちょうちょうふじん)の話(はなし)を思(おも)い出(だ)します。

1 冬(ふゆ)になる / 日(ひ)が短(みじか)くなります → ______

2 今(いま)買(か)う / 3割引(さんわりび)きになります → ______

3 バスを降(お)りる / すぐそばにスーパーがあります

→ ______

새단어

やっぱり 역시 | 長崎ながさきチャンポン 나가사키 짬뽕 | 104番ひゃくよんばん 114(전화번호 안내) | 海外旅行かいがいりょこう 해외여행 | 港みなと 항구 | 蝶々ちょうちょう 나비 | 夫人ふじん 부인 | 話はなし 이야기 | 思おもい出だす 떠올리다 | ~よね (이)지요 (상대방이 동의할 것으로 예측)

Dialogue 1

규슈에 여행을 간 유이와 태우와 사쿠라는 나가사키에 들러서 항구가 내려다보이는 글로버 저택에서 이야기를 나누고 있다.

Track 17

ユイ　港(みなと)の眺(なが)めがすばらしいですね。

さくら　江戸時代(えどじだい)、日本(にほん)は鎖国(さこく)をしていました。
でもこの長崎(ながさき)だけは外国(がいこく)と貿易(ぼうえき)ができたんです。

テウ　それで異国(いこく)の雰囲気(ふんいき)にあふれているんですね。

さくら　ええ、オランダ坂(ざか)やカステラ、みんな
その時代(じだい)のものなんです。

ユイ　オペラ蝶々夫人(ちょうちょうふじん)の舞台(ぶたい)も長崎(ながさき)ですね。
港(みなと)を見(み)ていると、蝶々夫人(ちょうちょうふじん)の話(はなし)を思(おも)い出(だ)します。

さくら　ねえ、お腹(なか)がすきませんか。
長崎(ながさき)といえば、やっぱりあれですよね。

テウ　はい、長崎(ながさき)チャンポン！

새단어

眺ながめ 경관 | 江戸時代えどじだい 에도시대 | 鎖国さこく 쇄국 | 貿易ぼうえき 무역 | 異国いこく 이국 | 雰囲気ふんいき 분위기 | あふれる 흘러넘치다 | オランダ坂ざか 오란다자카(나가사키 항이 보이는 이국적인 정취가 풍기는 언덕길) | カステラ 카스텔라 | オペラ 오페라 | 舞台ぶたい 무대 | ねえ 저기!(화제 전환)

Pattern **Practice 2**

3 別府に来る / 何といっても地獄めぐり
→ 別府に来たら、何といっても地獄めぐり

1 日にちが決まる / 知らせてください
→ ______________________

2 私が結婚する / 母が一番喜ぶでしょう
→ ______________________

3 朝起きる / 雪が降っていた
→ ______________________

4 九州の温泉だ / 何といっても別府温泉
→ 九州の温泉なら、何といっても別府温泉。

1 テレビを買う / 薄いのがいいです
→ ______________________

2 デジカメだ / ビッグカメラが安いです
→ ______________________

3 荷造りが大変だ / 手伝ってあげますよ
→ ______________________

새단어 別府べっぷ 벳푸 | 何なんといっても 뭐니뭐니 해도 | 地獄じごくめぐり 벳푸 지옥 온천 순례 | 日ひにち 날짜, 일정 | 知しらせる 알리다 | 喜よろこぶ 기뻐하다 | ビッグカメラ 빅카메라(전자제품 판매점) | 荷造にづくり 짐꾸리기

Dialogue 2

유이, 사쿠라, 태우 세 사람은 벳푸온천을 관광하러 왔다.

Track 18

ユイ　九州(きゅうしゅう)の温泉(おんせん)なら、何(なん)といっても別府温泉(べっぷおんせん)。

さくら　そして別府(べっぷ)に来(き)たら、何(なん)といっても地獄(じごく)めぐり、さあ、出(で)かけましょうか。

テウ　地獄(じごく)めぐりですか。何(なん)だか恐(こわ)そうですね。

さくら　ははは、別府(べっぷ)ではめずらしい温泉(おんせん)が出(で)るところを地獄(じごく)と言(い)うんですよ。

ユイ　ほらほら、あの池(いけ)、真(ま)っ赤(か)ですよ。

さくら　あれが血(ち)の池地獄(いけじごく)です。

テウ　たまごを温泉(おんせん)でゆでていますね。

さくら　食(た)べてみましょうか。すみません、温泉(おんせん)たまごを三(みっ)つください！

새단어

さあ 자, 그럼 | 何なんだか 왠지 | ははは 하하하 | めずらしい 진귀하다, 희귀하다 | 真赤まっかだ 새빨갛다 | 血ちの池地獄いけじごく 피의 연못 지옥(벳푸 지옥 온천 중 하나) | ゆでる 삶다

Grammar Preview

1 동사, 형용사 가정형 + ば ~(하)면

- 新宿に行くには、どう行けばいいんですか。
- インスタントラーメンは、お湯を注げば、3分でオーケーです。
- 天気がよければ、外で食事をしようと思っています。
- 資格を取っておけば、後で必ず役に立ちます。

2 동사 기본형 등 + と ~(하)면

- つまみを右に回すと、音が大きくなります。
- この化粧品を使うと、しわが延びるそうです。
- 僕は腹が立つと、たくさん食べます。
- 普段怒らない人が怒ると、恐いですよ。

새단어 インスタントラーメン 인스턴트 라면 | 注そそぐ 따르다, 붓다 | オーケー OK | 資格しかくを取とる 자격증을 따다 | 役やくに立たつ 도움이 되다 | つまみ 손잡이 | 回まわす 돌리다 | 化粧品けしょうひん 화장품 | しわ 주름 | 延のびる 펴지다 | 腹はらが立たつ 화가 나다 | 普段ふだん 보통, 평상시 | 怒おこる 화내다

③ 동사 た형 등 + たら　～(하)면, ～(했)더니

- 分(わ)からないことがあったら、何(なん)でも聞(き)いてください。
- お湯(ゆ)が沸(わ)いたら、パスタを入(い)れて、9分(きゅうふん)ゆでます。
- 友達(ともだち)とチャットをしたら、あっという間(ま)に時間(じかん)が過(す)ぎてしまった。
- 値段(ねだん)が安(やす)かったら買(か)いますが、高(たか)かったら買(か)いません。

④ 동사 기본형 등 + なら　～(라)면

- 授業中(じゅぎょうちゅう)トイレに行(い)くなら、先生(せんせい)にきちんと断(ことわ)ってください。
- 両替(りょうがえ)をするなら、近(ちか)くの銀行(ぎんこう)に行(い)ってください。
- 新幹線(しんかんせん)なら、大阪(おおさか)から東京(とうきょう)まで3時間(さんじかん)かかります。
- 北海道(ほっかいどう)へ行(い)くなら、いつの季節(きせつ)がいいですか。

새단어

パスタ 파스타 | チャットをする 채팅을 하다 | あっという間まに 눈깜짝할 사이에 | 過すぎる 지나다, 지나가다 | 値段ねだん 가격 | きちんと 확실히 | 断ことわる 양해를 구하다, 거절하다 | 両替りょうがえ 환전 | 季節きせつ 계절

가정 표현

※ ～ば　～(하)면(가정 표현)

～ば는 「명사+なら(ば)」, 동사 · い형용사 · な형용사의 가정형에 접속되어 '～(하)면'이라는 가정을 나타낸다.

1 접속

품사	접속 형태		예
동사	가정형	+ ば	来れば (오면)
い형용사	어간+けれ		よければ (좋으면)
な형용사	어간+なら		好きなら(ば) (좋아한다면)

2 동사의 가정 표현

동사의 가정 표현은 다음과 같이 만들 수 있다. (1그룹, 2그룹 동사는 어미를 エ단으로 고쳐 「～ば」를 붙여 만든다.)

동사	기본형	가정형	조사	가정 표현
1그룹동사	思う 書く 読む 死ぬ 作る	おもえ かけ よめ しね つくれ	+ ば	思えば (생각하면) 書けば (쓰면) 読めば (읽으면) 死ねば (죽으면) 作れば (만들면)
2그룹동사	見る 食べる	みれ たべれ	+ ば	見れば (보면) 食べれば (먹으면)
3그룹동사	する くる	すれ くれ	+ ば	すれば (하면) くれば (오면)

가정 표현 연습문제

	～ば	～と	～たら	～なら
買う	買えば	買うと	買ったら	買うなら
行く				
話す				
待つ				
死ぬ				
飲む				
乗る				
切る				
帰る				
泳ぐ				
呼ぶ				
着る				
生きる				
降りる				
出る				
覚える				
捨てる				
運動する				
来る				

UNIT 09 Review

1 다음 _____에 보기의 단어와 「ば」「と」「たら」「なら」를 사용해 문장을 완성하세요.

[ば]

① 渋谷へはどうやって________いいですか。

② 眼鏡を________、よく見えます。

③ 5時までに________、先に帰ります。

[と]

④ レバーを上に________、水が出ます。

⑤ 水を________、いつも歯がしみるんです。

⑥ 夏が________、だんだん涼しくなります。

[たら]

⑦ 宿題が________、おやつ食べてもいいよ。

⑧ ________、会社で働こうと思っています。

⑨ 分からないことが________、何でも聞いてください。

[なら]

⑩ ________、洗車しません。

⑪ 登山を________、天気予報を聞いてください。

⑫ 大学に________、もっと勉強をしてください。

보기					
行く	かける	来ない	上げる	飲む	終わる
済む	帰国する	ある	雨だ	する	進む

새단어 レバー 레버 | しみる 시리다 | 済すむ 끝나다 | おやつ 간식 | 洗車せんしゃ 세차 | 進すすむ 진학하다

2 다음 그림을 보고「と」,「たら」를 사용해 회화를 완성하세요.

① 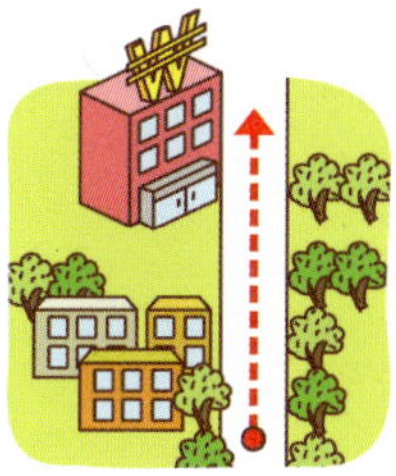

② 

③ 

① A：銀行(ぎんこう)はどこにありますか。
B：まっすぐ________、左側(ひだりがわ)にあります。

② A：あなたはいつ結婚(けっこん)しますか。
B：9月(くがつ)に________、結婚(けっこん)します。

③ A：どうすればドアが開(ひら)きますか。
B：前(まえ)に________、ドアが開(ひら)きます。

④ 

⑤ 

⑥ 

④ A：この薬(くすり)は、いつ飲(の)みますか。
B：ご飯(はん)を________、すぐ飲(の)んでください。

⑤ A：いつ電話(でんわ)しましょうか。
B：駅(えき)に________、電話(でんわ)してください。

⑥ A：パスタはいつ入(い)れますか。
B：お湯(ゆ)が________、入(い)れてください。

새단어 開ひらく (문이) 열리다

3 다음 문장을 일본어로 옮기세요.

① 결혼하면 행복해질 수 있다고 생각합니까?

→ ______________________________

② 겨울이 되면 산에서 찬바람이 불어옵니다.

→ ______________________________

③ 집에 돌아가면, 먼저 손을 씻읍시다.

→ ______________________________

④ 귀국할 거라면 먼저 저에게 연락해주세요.

→ ______________________________

심심풀이 JLPT

4 다음 문장의 (　　)에 들어갈 가장 적합한 말을 하나 고르세요.

① 最近(さいきん)の食品(しょくひん)は(　　　　)、すぐ食(た)べられるものがたくさんあります。

1　チンすれば　　　2　チンされると

3　チンするなら　　4　チンしなければ

② 駅(えき)の案内所(あんないじょ)で(　　　　)、ホテルを紹介(しょうかい)してくれた。

1　聞くなら　　　2　聞けば

3　聞くようなら　4　聞くと

③ A：もうすぐ着(つ)きます。

B：わかりました。コンビニまで(　　　　)、メールください。

1　来たら　　2　来れば

3　来ると　　4　来るなら

새단어　食品しょくひん 식품 | チンする 전자레인지에 데우다 | 案内所あんないじょ 안내소 | 紹介しょうかい 소개

5 보기의 단어를 참고해 (　　)안에 알맞은 표현을 쓰고, 밑줄 친 부분을 해석하세요.

社会生活の第一歩はあいさつです。あいさつはおたがいの気持ちを伝える基本の言葉です。「おはようございます！」という元気なあいさつを(들으면)、こちらも何か元気になります。その人が笑顔を見せて(인사하면)、自分に好意を持ってくれていることもわかります。もしその人があいさつもしないで席に(앉으면)、あなたはどんな気がしますか。きっと朝から不愉快な気持ちになるでしょう。

해석 → ______________________________

보기	座る	聞く	あいさつする

새단어 社会生活しゃかいせいかつ 사회생활 | 第一歩だいいっぽ 첫걸음 | おたがいの 서로의 | 気持きもち 기분 | 伝つたえる 전하다, 전달하다 | 基本きほん 기본 | 笑顔えがお 웃는 얼굴, 미소 | 見みせる 보이다 | 好意こうい 호의 | もし 만일 | 座すわる 앉다 | 気きがする 기분이 들다 | きっと 분명히, 틀림없이 | 不愉快ふゆかいだ 불쾌하다

생활 속 일본어 PLUS

〈숙박〉

予約の確認をしたいんですが。

先週、予約したキム・テウです。

チェックインは何時からですか。

チェックアウトは何時ですか。

食堂はどこ(何階)ですか。

貴重品を預かってもらえますか。

쉬어가기

벳푸(別府)

규슈(九州)의 오이타 현(大分県)에 위치한 벳푸(別府)는 동네 여기저기서 온천수가 뿜어져 나와 그 용출량으로는 일본 제일이라고 할 만큼 유명한 온천도시이다.

2009년 일본의 명승지로 지정된 벳푸 지옥(別府の地獄)은 일본은 물론 해외에서도 유명하다(이 지역은 예전부터 뜨거운 증기가 분출되어 사람의 접근이 불가능해 지옥(地獄)으로 불리우기 시작했다).

벳푸 지역의 8곳의 지옥(地獄)을 돌아보는 지옥 순례(地獄巡)는 벳푸에 들렀다면 꼭 경험해 봐야 하는 코스이기도 하다. 8곳의 지옥(地獄)으로는 온천수가 유산염을 함유해 푸른 바다를 닮은 바다 지옥(海地獄), 뜨거운 진흙이 원을 그리며 끓어오르는 모습이 스님의 머리 모양처럼 보이는 오니이시 스님 지옥(鬼石坊主地獄), 산기슭의 여기저기에서 수증기가 올라오는 산 지옥(山地獄), 아주 오래 전 제사 때 신전에 바치는 밥을 지었다고 해서 이름 붙여진 가마솥 지옥(かまど地獄), 온천수가 하얀색으로 보이는 하얀 연못 지옥(白池地獄), 온천수의 열을 이용하여 악어를 양식하고 있는 도깨비산 지옥(鬼山地獄), 붉은 점토가 열탕에 녹아 분출해 마치 온천수가 피에 물들어 있는 듯 보이는 피의 연못 지옥(血の池地獄), 온천수가 분출되는 모습이 마치 회오리 같아 보이는 회오리 지옥(龍巻地獄)이 있다.

UNIT

10 雨に降られてちょっと残念ですね。

학습 포인트		
	• ① れる(られる)	일반 수동
	• ② れる(られる)	피해 수동
	• いくら ～ても	아무리 ~해도
	• ていただけませんか	~해 주실 수 없을까요?

Pattern Practice 1

1

友達(ともだち)が僕(ぼく)にからしめんたいを頼(たの)んだ

→ 僕(ぼく)は友達(ともだち)にからしめんたいを頼(たの)まれた。

1 母(はは)が私(わたし)を朝早(あさはや)く起(お)こしました → ______

2 犬(いぬ)が僕(ぼく)の足(あし)を噛(か)んだ → ______

3 この雑誌(ざっし)を月(つき)二(に)回発行(かいはっこう)します → ______

2

雨(あめ)が降(ふ)ってちょっと残念(ざんねん)ですね

→ 雨(あめ)に降(ふ)られてちょっと残念(ざんねん)ですね。

1 私(わたし)は高校(こうこう)の時(とき)、父(ちち)が死(し)にました → ______

2 隣(とな)りの赤(あか)ん坊(ぼう)が泣(な)いて、勉強(べんきょう)できませんでした

→ ______

3 夜12時(よるじゅうにじ)に友達(ともだち)が来(き)て困(こま)りました → ______

새단어

からしめんたい 명란젓 | 頼たのむ 부탁하다 | 起おこす 깨우다, 일으키다 | 噛かむ 물다 | 月つき 월 | 発行はっこう 발행 | 残念ざんねんだ 유감이다 | 高校こうこう 고등학교 | 赤あかん坊ぼう 아기, 갓난아기 | 困こまる 곤란하다

Dialogue 1

후쿠오카에 들른 유이, 사쿠라, 태우는 번화한 상점가로 쇼핑을 하러 왔다. Track 19

ユイ	あいにくの天気(てんき)になりましたね。
さくら	雨(あめ)に降(ふ)られてちょっと残念(ざんねん)ですね。 今日(きょう)は福岡(ふくおか)の街(まち)をぶらぶらしましょう。
テウ	お店(みせ)がいっぱい並(なら)んでいてにぎやかですね。
さくら	福岡(ふくおか)は九州(きゅうしゅう)で一番大(いちばんおお)きい都市(とし)で、昔(むかし)から商業(しょうぎょう)が盛(さか)んな所(ところ)なんです。
ユイ	韓国人(かんこくじん)の観光客(かんこうきゃく)も多(おお)いですね。
さくら	プサンとの間(あいだ)に高速船(こうそくせん)がありますからね。
テウ	あ、あったあった！からしめんたい。 友達(ともだち)にからしめんたいを頼(たの)まれていたんです。
さくら	私(わたし)もおみやげに買(か)っていきます。

새단어

あいにくの天気てんき 유감스러운 날씨 | 福岡ふくおか 후쿠오카 | ぶらぶら 어슬렁어슬렁 | 並ならぶ 늘어서다 | 都市とし 도시 | 商業しょうぎょう 상업 | 盛さかんだ 번성하다 | 間あいだに 사이에 | 高速船こうそくせん 고속선 | あったあった 여기 있네

Pattern Practice 2

3

乗る / 同じ値段の割引チケットがある

→ いくら乗っても、同じ値段の割引チケットがある。

1 メールをする / 返事がないんです

→ ______________________________

2 物価が上がる / 給料は少しも上がりません

→ ______________________________

3 忙しい / 朝ごはんは食べます

→ ______________________________

4

駅まで行く

→ 駅まで行っていただけませんか。

1 日本語を教える

→ ______________________________

2 この荷物を持つ

→ ______________________________

3 4時までに会議室を空ける

→ ______________________________

새단어 値段ねだん 가격 | 割引わりびき 할인 | 返事へんじ 대답, 회신 | 物価ぶっか 물가 | 空あける 비우다

Dialogue 2

비도 그치고, 다음날 유이, 사쿠라, 태우는 하우스텐보스를 구경가기로 한다. Track 20

テウ　今日はどこに行きましょうか。

さくら　オランダ村のあるハウステンボスはどうですか。風車があり、チューリップも咲いているそうです。福岡から特急で１時間４０分で行けるそうですよ。

テウ　そこにはいろんな乗り物もあるんでしょ。

さくら　ええ、いくら乗っても同じ値段の割引チケットがあるそうですよ。

テウ　決定、ハウステンボスに行きましょう！

さくら　すみません。駅まで行っていただけませんか。

運転手　はい、わかりました。

새단어

オランダ村むら 하우스텐보스 안에 있는 네덜란드 마을 | ハウステンボス 하우스텐보스(테마파크) | 風車ふうしゃ 풍차 | チューリップ 튤립 | 咲さく 피다 | 特急とっきゅう 특급 | 乗のり物もの 탈 것 | 決定けってい 결정

Grammar Preview

1 동사 ない형 + れる(られる)　일반 수동

- 私は母に買い物を**頼まれた**。
- 僕は、階段で後ろの人に背中を**押されて**転びました。
- 弟が友達に**いじめられて**、泣きながら帰って来た。
- 世界の情報は通信衛星ですぐ**伝えられます**。

2 동사 ない형 + れる(られる)　피해 수동

- 目の前で、バスに**行かれて**しまった。
- 前の車に急に**止まられて**、交通事故になりました。
- ゆうべ、泥棒に**入られて**大事なものを盗まれた。
- うちの店は、店員が少なくて、風邪でも引いて**休まれたら**困りますよ。

새단어 階段かいだん 계단 | 背中せなか 등 | 押おす 밀다, 누르다 | 転ころぶ 넘어지다 | いじめる 괴롭히다 | 情報じょうほう 정보 | 通信衛星つうしんえいせい 통신위성 | 伝つたえる 전하다 | 急きゅうに 갑자기 | 止とまる 정지하다, 멈추다 | 交通事故こうつうじこ 교통사고 | ゆうべ 어젯밤 | 泥棒どろぼう 도둑 | 大事だいじだ 소중하다 | 盗ぬすむ 훔치다

③ いくら + 동사 て형 + ても　아무리 ~해도

- いくら探(さが)しても、かぎは見(み)つかりません。
- いくら飲(の)んでも、彼女(かのじょ)は酔(よ)いません。
- いくら考(かんが)えても、さっぱり分(わ)かりません。
- いくら嫌(きら)いでも、言(い)っていいことと、悪(わる)いことがあります。

④ 동사 て형 + ていただけませんか　~해 주실 수 없을까요?

- ドアを閉(し)めていただけませんか。
- もう一度(いちど)、説明(せつめい)していただけませんか。
- すみませんが、写真(しゃしん)撮(と)っていただけませんか。
- 荷物(にもつ)を運(はこ)ぶのを手伝(てつだ)っていただけませんか。

새단어　見(み)つかる 발견되다 | さっぱり 도무지

수동 표현

수동형 만들기

1그룹 동사와 2그룹 동사는 ない형이 곧 수동형이다.

1그룹 동사는 ない형에 れる를 붙여 만들고, 2그룹 동사는 ない형에 られる를 붙여 만든다.

3그룹 동사 する와 くる는 각각 される와 こられる로 바뀐다.

종류	기본형	수동 표현		예
1그룹동사	思う	おもわ	+ れる	思われる (생각되다)
	書く	かか		書かれる (쓰이다)
	読む	よま		読まれる (읽히다)
	死ぬ	しな		死なれる (죽다) [능동으로 해석]
	作る	つくら		作られる (만들어지다)
2그룹동사	見る	み~~る~~	+ られる	見られる (보이다)
	食べる	たべ~~る~~		食べられる (먹히다)
3그룹동사	する	불규칙		される (당하다)
	くる			こられる (오다) [능동으로 해석]

수동 표현 연습문제

	수동 표현	ていただけませんか
買う	買われる	買っていただけませんか
行く		
話す		
待つ		
死ぬ		×
飲む		
売る		
切る		
帰る		
泳ぐ		
呼ぶ		
着る		
居る		
伝える		
出る		
調べる		
捨てる		
紹介する		
来る		

UNIT 10 Review

1 다음 ______에 「れる(られる)」「いくら~ても」「ていただけませんか」 중 적합한 표현을 사용해 문장을 완성하세요.

① このお寺は 500 年前に__________ました。(建てる)

② 太郎は犬に携帯を________た。(壊す)

③ この雑誌は年に 4 回________ます。(発行する)

④ 私は親にお年玉を________てしまった。(使う)

⑤ 急に雨に________て、困っています。(降る)

⑥ 飼っていた子犬に________ました。(死ぬ)

⑦ 食べる。彼女は太りません。

→ 彼女は________________________。

⑧ 大声で歌う。カラオケなら大丈夫です。

→ カラオケなら____________________。

⑨ ちょっと待ってください。

→ ちょっと________________________。

⑩ すみませんが、この荷物持ってください。

→ この荷物________________________。

새단어 建たてる 세우다 | 壊こわす 부수다, 고장내다 | 大声おおごえ 큰 소리

2 다음 그림과 보기의 단어를 참고로 (　　)에 알맞은 표현을 써넣으세요.

① 
② 
③ 

■ 木村さんは、午前中に、どんな悪いことがありましたか。

① 今朝は赤ちゃんに(　　　　)て、早く起きました。

② 会社に行く電車の中で、隣の女の人に足を(　　　　)ました。

③ 午前中のチーム会議では、仕事でミスをして上司に(　　　　)ました。

④ 
⑤ 
⑥ 

■ 木村さんは、午後には、どんな悪いことがありましたか。

④ 昼御飯の時には、レストランで、店員さんにコーヒーを(　　　　)ました。

⑤ 午後5時に仕事が終わってから、取引先の人に(　　　　)ました。

⑥ 家へ帰る途中で、雨に(　　　　)ました。

보기	踏む	こぼす	泣く	来る	降る	叱る

새단어 午前中ごぜんちゅう 오전 중 | 踏ふむ 밟다 | チーム 팀 | 叱しかる 혼내다 | こぼす 엎지르다 | 取引先とりひきさき 거래처

3 다음 문장을 일본어로 옮기세요.

① 나는 겐타 씨한테 일을 부탁 받았습니다.

→ ________________________________

② 아르바이트 하는 다나카 군이 쉬어서, 오늘은 무척 바빴다.

→ ________________________________

③ 아무리 기다려도 그는 오지 않았습니다.

→ ________________________________

④ 다시 한 번 확인해 주실 수 없을까요?

→ ________________________________

심심풀이 JLPT

4 다음 문장의 (　　)에 들어갈 가장 적합한 말을 하나 고르세요.

① インスタントラーメンは世界中で(　　　　　　　　)。

1　食べています　　　2　お食べになっています

3　食べられています　　　4　食べさせられています

② 僕は高校の時、父に(　　　　)ました。

1　死に　　2　亡くなり　　3　死なれ　　4　死なせ

③ A：木村さんは、今日もクラスを休んだね。どうしたんだろう？

B：うん。先週から(　　　　)メールを送っ(　　　)返信がないんだよ。

1　ずっと, ても　　　2　どんなに, たから

3　いつでも, たけど　　　4　いくら, ても

새단어 確たしかめる 확인하다 | 亡なくなる 돌아가시다(死ぬ의 정중한 말) | 返信へんしん 회신, 답장

5 보기의 단어를 참고해 (　　)안에 알맞은 표현을 쓰고, 밑줄 친 부분을 해석하세요.

人の前で発表する時、声が小さいと相手に聞こえません。また<u>はっきり口を開けないと何を言っているのかわかりません</u>。話す速度も大切です。あまり早く(　이야기 들으면　)聞き取れません。しかし、(　아무리　)大きな声で、はっきり、ゆっくり(　이야기해도　)、内容のない話は感動を(　줄 수는 없습니다　)。いろんな本を読んだり、いろんなことを経験して、人に感動をあたえる話ができるよう努力したいものです。

해석 → ______________________________

보기 話す　与える　いくら

새단어 発表はっぴょう 발표 | 声こえ 목소리, 소리 | 相手あいて 상대 | 聞きこえる 들리다 | はっきり 확실하게 | 速度そくど 속도 | 聞きき取とる 알아듣다 | 内容ないよう 내용 | 与あたえる 주다 | ～よう ~하도록 | 努力どりょく 노력

생활 속 일본어 PLUS

〈쇼핑〉

계산대에서

領収書(レシート)をください。

プレゼント用に包んでください。

의류 매장에서

試着していいですか。

違う色(柄)はありませんか。

식품 매장에서

試食してもいいですか。

このマヨネーズはどのくらいもちますか。 (本日中、1週間、1カ月)

쉬어가기

나가사키(長崎)

나가사키(長崎)는 규슈(九州)의 가장 서쪽에 있는 나가사키 현(長崎県)의 중심도시로, 히로시마(広島)와 더불어 원폭의 참화를 현재에도 전해주고 있으며, 평화를 기원하는 평화공원(平和公園)과 이국적 정취를 물씬 풍기는 역사적인 유적과 건물이 많다.

나가사키는 쇄국정책을 펼쳤던 일본이 유일하게 유럽의 문물을 받아들였던 항구로, 17세기 이후 포르투갈과 네덜란드 등과의 무역항이기도 했다. 지금은 매립되어 없어졌지만, 포르투갈 사람들을 격리할 목적으로 만든 인공 섬 데지마(出島)도 축소 복원되어 좋은 볼거리가 되고 있다.

나가사키 시 다음으로 큰 도시인 사세보 시(佐世保市)에는 총 46만 평의 광활한 대지에 17세기 네덜란드의 왕궁과 거리를 그대로 재현해 놓은 하우스텐보스(ハウステンボス)가 있다. 하우스텐보스는 유람선을 타고 옛 네덜란드의 거리를 여유롭게 둘러볼 수 있는 운하를 비롯해 산책로, 놀이기구, 유럽풍 호텔 등의 시설이 갖추어진 리조트형 종합 테마파크이다. 또한 봄에는 튤립 축제, 가을에는 마리골드가 아름답고, 겨울에는 일루미네이션과 각종 조명을 이용한 빛의 축제가 펼쳐지는 등 계절별로 다양한 볼거리를 제공한다.

나가사키의 유명한 먹을 거리로는 나가사키 카스텔라(長崎カステラ)와 나가사키 짬뽕(長崎チャンポン)이 있다. 또한 나가사키는 푸치니의 오페라 "나비부인(蝶々夫人)"의 무대로도 유명하다.

UNIT 11

いっぱい暗記させられました。

학습 포인트

- せる(させる) ~시키다, ~하게 하다
- せられる(させられる) ~하다(する의 마이너스적 표현)
- ことになる ~하게 (결정)되다
- させていただく ~하다(する의 겸손한 표현)

Pattern Practice 1

1

先生 / 学生が年表を覚えます
→ 先生が学生に年表を覚えさせます。

1 先生 / 学生が教室のごみを拾いました → ____________

2 お母さん / 子供が9時に寝た → ____________

3 親鳥 / 子鳥が飛ぶ練習をしています → ____________

2

先生 / 学生は年表を暗記しました
→ 学生は先生に年表を暗記させられました。

1 お母さん / 子供は苦い薬を飲んだ → ____________

2 社長 / 田中さんは会社を辞めました → ____________

3 店長 / 私は3時間も残業をした → ____________

새단어
年表ねんぴょう 연표 | 拾ひろう 줍다 | 親鳥おやどり 어미 새 | 子鳥ことり 새끼 새 | 飛とぶ 날다 | 暗記あんき 암기 | 苦にがい 쓰다 | 店長てんちょう 점장

Dialogue 1

유이, 사쿠라, 태우는 이세 신궁을 구경하며 이야기를 나누고 있다. Track 21

ユイ 静かですね。大きな木が何本もありますね。何の木ですか。

さくら 杉です。500年以上経ったものもあるんですよ。

テウ さくらさんは古い歴史に関心があるんですか。

さくら ええ、でもあまり詳しくないです。

テウ 日本でも学校で年表を覚えさせるんですか。

さくら ええ、いっぱい暗記させられました。

ユイ みんな神社の前でパン、パンと手を二回たたいて祈っていますね。

さくら 神社では、手を二回たたいてから手を合わせて祈るんです。

새단어

杉すぎ 삼나무 | 以上いじょう 이상 | 経たつ 지나다 | 歴史れきし 역사 | 関心かんしん 관심 | 詳くわしい 능통하다, 자세하다 | でも 하지만 | 神社じんじゃ 신사 | パンパン 짝짝 | 二回にかい 두 번, 2회 | 手てを叩たたく 손뼉을 치다 | 祈いのる 기도하다, 기원하다 | 手てを合あわせる 손을 모으다

Pattern Practice 2

3 デザートに果物が出ます

→ デザートに果物が出ることになっています。

1 来月ソウルへ引っ越します

→ ________________________

2 佐藤さんは、来週から営業部に移ります

→ ________________________

3 日本では車は左を走ります

→ ________________________

4 最初に食べます

→ 最初に食べさせていただきます。

1 今日はお先に帰ります

→ ________________________

2 こちらから連絡します

→ ________________________

3 みなさんを代表して、一言言います

→ ________________________

새단어 デザート 디저트 | 果物くだもの 과일 | 営業部えいぎょうぶ 영업부 | 移うつる 옮기다 | 連絡れんらく 연락 | 一言ひとこと 한마디

Dialogue 2

유이, 태우, 사쿠라는 이세 신궁에서 가까운 마츠자카 지역의 소고기 스키야키를 먹으며 이야기를 나누고 있다.

Track 22

テウ	わあ、おいしそう。この生卵(なまたまご)は。
さくら	生卵(なまたまご)は割(わ)って、こうして解(と)いてください。
	そして肉(にく)や野菜(やさい)を生卵(なまたまご)につけて食(た)べてください。
	さあ、テウさん、お先(さき)にどうぞ。
テウ	いいんですか。では遠慮(えんりょ)しないで、最初(さいしょ)に
	食(た)べさせていただきます。
	(食事(しょくじ)が終(お)わって)
ユイ	おいしかった。肉(にく)がやわらかくて、
	やはり本場(ほんば)の松坂牛(まつざかぎゅう)は味(あじ)が違(ちが)いますね。
さくら	(店員(てんいん)に) すみません。このあと何(なに)か出(で)るんですか。
店員	デザートに果物(くだもの)が出(で)ることになっています。

새단어

生卵なまたまご 날달걀 | 割わる 깨다 | 解とく 풀다 | つける 찍다 | 遠慮えんりょ 사양 | ～ないで ~하지 않고 | 松坂牛まつざかぎゅう 마츠자카 지방에서 생산되는 소고기

Grammar Preview

1 동사 ない형 + せる(させる) ~시키다, ~하게 하다

- 子供(こども)に九九(くく)を覚(おぼ)えさせる。
- 部長(ぶちょう)が課長(かちょう)に会議(かいぎ)の資料(しりょう)を作(つく)らせた。
- 結婚記念日(けっこんきねんび)を忘(わす)れて、家内(かない)を怒(おこ)らせてしまった。
- 私(わたし)は休(やす)みの日(ひ)でも子供(こども)に朝寝坊(あさねぼう)はさせません。

2 동사 ない형+せられる(させられる) ~하다(する의 마이너스적 표현)

- 僕(ぼく)は彼女(かのじょ)にかばんを持(も)たせられた。(持たされた)
- 国民(こくみん)は国(くに)に高(たか)い税金(ぜいきん)を払(はら)わせられています。(払わされて)
- 私(わたし)は一晩中(ひとばんじゅう)、友達(ともだち)に恐(こわ)い話(はなし)を聞(き)かせられた。(聞かされた)
- 空港(くうこう)で、スーツケースを開(あ)けさせられた。

새단어 九九くく 구구단 | 資料しりょう 자료 | 結婚記念日けっこんきねんび 결혼기념일 | 朝寝坊あさねぼうをする 늦잠을 자다 | 国民こくみん 국민 | 一晩中ひとばんじゅう 밤새 | 空港くうこう 공항 | スーツケース 여행용 소형 가방

③ 동사의 기본형 + ことになる ~하게 (결정)되다

- おかげさまで、明日(あした)退院(たいいん)することになりました。
- 文化祭(ぶんかさい)の司会(しかい)は田中君(たなかくん)がしてくれることになりました。
- 僕(ぼく)は来年(らいねん)の春(はる)、愛(あい)ちゃんと結婚(けっこん)することになりました。
- 私(わたし)の会社(かいしゃ)では、社員(しゃいん)が一週間(いっしゅうかん)の夏休(なつやす)みを取(と)ることになっています。

④ 동사 ない형 + (さ)せていただく ~하다(する의 겸손한 표현)

- それでは、始(はじ)めさせていただきます。
- では、これで終(お)わらせていただきます。
- 司会(しかい)は私(わたし)、田中(たなか)がやらせていただきます。
- ちょっと休(やす)ませてもらってから、考(かん)えさせていただきます。

새단어 退院たいいん 퇴원 | 文化祭ぶんかさい 문화제 | 司会しかい 사회 | ~君くん ~군 | 一週間いっしゅうかん 일주일간

사역 표현

사역 표현은 동사의 ない형에 ~せる · ~させる를 붙여 만든다.
1그룹 동사는 ない형에 ~せる를 붙여 만들고, 2그룹 동사는 ない형에 ~させる를 붙여 만든다.
3그룹 동사 する와 くる는 각각 させる와 こさせる로 바뀐다.

종류	기본형	사역 표현		예
1그룹동사	思う	おもわ	+ せる	思わせる (생각하게 하다)
	書く	かか		書かせる (쓰게 하다)
	読む	よま		読ませる (읽게 하다)
	死ぬ	しな		死なせる (죽게 하다)
	作る	つくら		作らせる (만들게 하다)
2그룹동사	見る	み~~る~~	+ させる	見させる (보게 하다)
	食べる	たべ~~る~~		食べさせる (먹이다)
3그룹동사	する	불규칙		させる (하게 하다)
	くる			こさせる (오게 하다)

사역 및 사역수동 표현 연습문제

	사역 표현	させられる(される)
買う	買わせる	買わせられる(買わされる)
行く		
話す		
待つ		
死ぬ		×
飲む		
乗る		
走る		
帰る		
泳ぐ		
呼ぶ		
着る		
居る		
起きる		
寝る		
覚える		
並べる		
練習する		
来る		

UNIT 11 Review

1 다음 ______에 「せる(させる)」「せられる(させられる)」「ことになる」「させていただく」 중 적합한 표현을 사용해 문장을 완성하세요.

① 将来、子供に野球を________ようと思います。(やる)

② 雨が降ると、駅まで息子を迎えに________ます。(来る)

③ 食事の前におやつを________ません。(食べる)

④ 忘年会で、飲めないお酒を無理に________た。(飲む)

⑤ 学生たちは先生につまらないビデオを 2 時間も________た。(見る)

⑥ 試合に負けて、監督に夜 1 時まで練習を________た。(する)

⑦ 3 月から貿易会社に勤めます。

→ 貿易会社に__________ました。

⑧ 就職のため、東京で一人暮らしをします。

→ 一人暮らしを________ました。

⑨ 来週までには、必ずサンプルを送ります。

→ サンプルを____________________。

⑩ 明日 20 日は、臨時休業します。

→ 臨時__________________________。

새단어

将来しょうらい 장래 | 野球やきゅう 야구 | 忘年会ぼうねんかい 송년회 | 無理むりに 무리하게 | つまらない 재미없다 | 就職しゅうしょく 취직 | 一人暮ひとりぐらし 독신 생활 | サンプル 샘플 | 臨時休業りんじきゅうぎょう 임시휴업

2 다음 그림을 참고로 회화를 완성하세요.

① 
② 
③ 

① A：母親(ははおや)は子供(こども)に何(なに)をさせていますか。
　B：野菜(やさい)ジュースを＿＿＿＿＿います。

② A：部長(ぶちょう)は田中(たなか)さんに何(なに)をさせましたか。
　B：書類(しょるい)のコピーを＿＿＿＿＿ました。

③ A：彼女(かのじょ)は彼氏(かれし)に何(なに)をさせていますか。
　B：飲(の)み代(だい)を＿＿＿＿＿ています。

④ 
⑤ 
⑥ 

④ A：ライオンは何(なに)をしていますか。
　B：ライオンは小(ちい)さい椅子(いす)に＿＿＿＿＿ています。

⑤ A：熊(くま)は何(なに)をしていますか。
　B：熊(くま)は小(ちい)さい服(ふく)を＿＿＿＿＿ています。

⑥ A：猿(さる)は何(なに)をしていますか。
　B：猿(さる)は重(おも)い荷物(にもつ)を＿＿＿＿＿ています。

새단어 熊くま 곰 | 飲のみ代だい 술값

3 다음 문장을 일본어로 옮기세요.

① 엄마는 자기 전에 아이에게 이를 닦게 합니다.

→ ____

② (과장님 지시로 어쩔 수 없이) 그녀는 잔업을 했다.

→ ____

③ 집세는 월말까지 내게 되어 있습니다.

→ ____

④ 그럼, 다시 한 번 확인하겠습니다.

→ ____

심심풀이 JLPT

4 다음 문장의 (　　)에 들어갈 가장 적합한 말을 하나 고르세요.

① A：田中さんは、どんな人ですか。

B：いつもおもしろいことを言って、人々を（　　　　）ます。

1　笑われ　　2　笑わせ　　3　笑わさせ　　4　笑わせられ

② 私はさしみが食べられないと言っているのに、無理やり上司に食べ（　　　　）。

1　かけられた　　2　させられた　　3　られた　　4　させた

③（会社で）「では、1時になりましたので、これから営業会議を始め（　　　　　　　　）。」

1　なさっていただきます　　2　させていただきます

3　させてございます　　4　なさってござります

새단어 確認かくにんする 확인하다 | 笑わらう 웃다 | ～のに 인데, 한데 | 無理むりやり 무리하게

5 보기의 단어를 참고해 (　　　) 안에 알맞은 표현을 쓰고, 밑줄 친 부분을 해석하세요.

今年も新学期が始まり、大学に新入生がいっぱい入って来ました。毎年この季節になると、先輩に酒を(어쩔 수 없이 마신)学生がかならず救急車で病院に(옮겨집니다)。２０歳をすぎた学生がお酒を飲むことは問題ありません。しかし新入生の中にはまだお酒を飲んだことのない学生もいますので、無理に(마시게 하면)、大変なことになります。後輩のコンディションをよく考えてやる先輩、そんな先輩が本当の先輩です。

해석 → ______________________________

보기 飲む　運ぶ　飲む

새단어 新学期しんがっき 신학기 | 始はじまる 시작되다 | 新入生しんにゅうせい 신입생 | 救急車きゅうきゅうしゃ 구급차 | 20歳はたち 스무 살 | コンディション 컨디션

생활 속 일본어 PLUS

〈조리 관련 용어〉

 煮(に)る 조리다	 焼(や)く 굽다	 蒸(む)す 찌다	 揚(あ)げる 튀기다
 炒(いた)める 기름에 볶다	 味付(あじつ)けする 양념하여 맛을 내다	 焙(あぶ)る 불에 쬐어 (약간) 굽다	 混(ま)ぜる 섞다
 おろす (무, 마늘, 고추냉이 등을) 강판에 갈다	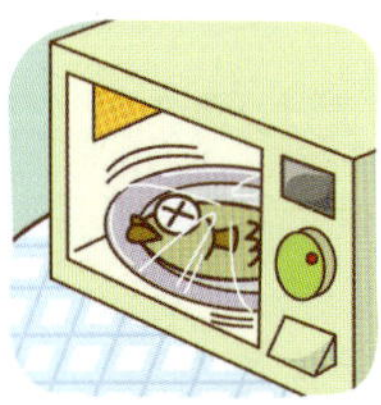 チンする 전자 레인지로 데우다	 冷(ひ)やす 식히다	 温(あたた)める 데우다
 お湯(ゆ)を入(い)れる 끓인 물을 넣다	 切(き)る 자르다	 叩(たた)く (고기를 칼 따위로) 다지다	 すりつぶす 갈아 으깨다

쉬어가기

미에 현(三重県)

미에 현(三重県)은 혼슈(本州)의 키이(紀伊) 반도에 위치한 현으로 동쪽으로는 이세 만(伊勢湾), 남쪽으로는 태평양과 접하고 있다.

미에 현의 대표적인 전통 관광명소로는 이세 신궁(伊勢神宮)과 닌자 마을(忍術村)이 있다. 일본인이 일생에 적어도 한번은 찾아온다는 이세 신궁(伊勢神宮)은 일본에서 가장 오래된 신사로 일본인들의 성지라고도 할 수 있는 곳이다. 신사라고는 하지만 본당까지 걸어 들어가다 보면 마치 일본 정원을 둘러보며 산림욕을 하는 기분이 들 정도로 편안한 느낌을 준다. 닌자 마을은 닌자들이 살고 있는 마을을 그대로 보존해서 만든 테마파크로, 닌자들이 사용했던 무기와 같은 닌자 용품들이 전시되어 있다. 닌자들의 특별한 비술들을 재연하는 공연을 보거나, 닌자복을 대여해 닌자를 직접 체험해 볼 수도 있다.

젊은이들이나 가족 단위로 가 볼만한 관광명소로는, 스페인을 모티프로 하여 스페인의 태양, 바다, 대지를 이미지로 만든 테마파크 「파르케 에스파냐(PARQUE ESPAÑA)」를 중심으로 스페인 정통 레스토랑, 리조트 풍 호텔, 온천 등의 시설로 구성된 시마 스페인 마을(志摩スペイン村), 사계절 내내 계절별 꽃을 즐길 수 있는 꽃 테마파크 나바나의 마을(なばなの里), 40종의 어트랙션을 갖춘 종합 레저시설 나가시마 스파 랜드(ナガシマスパーランド) 등이 있다.

또한 이 지역의 명물인 마츠자카 소고기(松坂牛)는 마츠자카 시(松坂市) 근교에서 사육되는 검은 소의 고기를 말하는데, 이는 일본을 대표하는 일본 3대 소고기(三大和牛) 중 하나다.

UNIT 12

何をお探しですか。

학습 포인트
- 존경 표현
- 정중 표현
- 겸양 표현
- 특별 경어 동사

Pattern Practice 1

1
何を探しますか
→ 何をお探しですか。

1 今晩はどちらに泊まりますか → ______

2 店長は何時ごろ帰りますか → ______

3 どうぞ、入ってください → ______

2
大きいのが三千円です
→ 大きいのが三千円でございます。

1 トイレはあちらです → ______

2 本日のレートは110円です → ______

3 何か質問はありませんか → ______

새단어 本日ほんじつ 금일, 오늘 | レート 환율

Dialogue 1

유이는 요코하마에 있는 사쿠라의 집에 초대받았다.
방문하기 전에 일본 과자점에 들렀다.

Track 23

店員 いらっしゃいませ。何(なに)をお探(さが)しですか。

ユイ 友達(ともだち)の家(いえ)に持(も)っていくんですが、何(なに)かおいしいお菓子(かし)はありませんか。

店員 いろいろございますが、和菓子(わがし)はいかがですか。このモナカも買(か)われる方(かた)が多(おお)いんですよ。

ユイ いくらですか。

店員 小(ち)さいのが千円(せんえん)、大(おお)きいのが三千円(さんぜんえん)でございます。

ユイ では大(おお)きいのを下(くだ)さい。

店員 はい、大(おお)きいのですね。のしはどうされますか。

ユイ のしは要(い)りません。

새단어

いらっしゃいませ 어서 오세요 | モナカ 모나카(일본 과자류의 일종) | 方かた 분 | のし 노시(결혼식 등 경사 때 선물이나 축하금에 곁들이는 장식의 일종) | 要いる 필요하다

Pattern Practice 2

3 待(ま)っていました
→ お待(ま)ちしていました。

1 すぐタクシーを呼(よ)びます
→ ____________________

2 仕事(しごと)を手伝(てつだ)いましょうか
→ ____________________

3 今日(きょう)は招(まね)いてもらって、ありがとうございます
→ ____________________

4 たくさん食(た)べてください
→ たくさん召(め)し上(あ)がってください。

1 部長(ぶちょう)はいますか
→ ____________________

2 機会(きかい)があれば、見(み)てください
→ ____________________

3 今日(きょう)は家内(かない)と二人(ふたり)で来(き)ました
→ ____________________

새단어 タクシー 택시 | 呼よぶ 부르다 | 招まねく 초대하다 | 機会きかい 기회

Dialogue 2

사쿠라의 엄마가 유이를 위해서 샤브샤브를 만들어주었다. Track 24

ユイ	初(はじ)めまして。ユイと申(もう)します。
さくら母	初(はじ)めまして。さくらの母(はは)です。お待(ま)ちしていました。さあ、どうぞ。横浜(よこはま)は初(はじ)めてですか。
ユイ	ええ、初(はじ)めてです。中華街(ちゅうかがい)があまりにも大(おお)きいのでびっくりしました。
	（しばらくして）
さくら母	はい、お待(ま)ちどおさま。シャブシャブよ。
ユイ	私(わたし)、シャブシャブ大好(だいす)きなんです。
さくら母	そうですか。たくさん召(め)しあがってくださいね。
さくら	味(あじ)はどう？
ユイ	最高(さいこう)、ほっぺたが落(お)ちそう。

새단어

申もうす 말하다(言う의 겸양어) | 横浜よこはま 요코하마 | 初はじめて 처음 | 中華街ちゅうかがい 중화가 | お待まちどおさま 오래 기다리셨습니다 | シャブシャブ 샤브샤브 | 最高さいこう 최고 | ほっぺたが落おちそう 아주 맛있다

Grammar Preview

1 존경 표현

- 市内(しない)までは、リムジン・バスをご利用(りよう)になってはいかがですか。
- こちらでお召(め)し上(あ)がりですか。それとも、お持(も)ち帰(かえ)りですか。
- 田中(たなか)さんは、いつこちらに着(つ)かれましたか。
- お体(からだ)に気(き)をつけてお過(す)ごしください。

2 정중 표현

- 銀行(ぎんこう)は会社(かいしゃ)の隣(とな)りにございます。
- 今日(きょう)の「日替(ひが)わりランチ」は、こちらでございます。
- 今日(きょう)は時間(じかん)がございません。
- お支払(しはら)いは別々(べつべつ)でよろしいでしょうか。

새단어 市内しない 시내 | リムジン・バス 리무진 버스 | 利用りよう 이용 | いかがですか 어떠십니까?(どうですか의 정중한 말씨) | それとも 그렇지 않으면 | 持もち帰かえる 가지고 가다 | お体からだに気きをつける 건강에 유의하다 | 日替ひがわりランチ 매일 바뀌는 점심 | 別々べつべつで 따로따로 | よろしい 좋다, 괜찮다(いい의 정중한 말)

③ 겸양 표현

- 商品(しょうひん)は、7月24日(しちがつにじゅうよっか)までには必(かなら)ずお届(とど)けします。
- 失礼(しつれい)ですが、お名前(なまえ)は何(なん)とお読(よ)みすればよろしいでしょうか。
- ただいま、大森(おおもり)は席(せき)を外(はず)しております。
- 今日(きょう)はお忙(いそが)しい中(なか)、お集(あつ)まりいただきまして、ありがとうございます。

④ 특별 경어 동사

- 昼(ひる)ごはんはもう召(め)し上(あ)がりましたか。
- 社長(しゃちょう)の奥(おく)さんはどの方(かた)かご存(ぞん)じですか。
- パスポート、拝見(はいけん)します。
- 3番線(さんばんせん)に特急(とっきゅう)が通過(つうか)いたします。ご注意(ちゅうい)ください。

새단어 届とどける 보내다, 전하다 | 席せきを外はずす 자리를 비우다 | 集あつまる 모이다 | ご存ぞんじだ 아시다(知しる의 존경어) | パスポート 여권 | 拝見はいけんする 보다(見みる의 겸양어) | ~番線ばんせん ~번선 | 通過つうか 통과

특별 경어 동사

예삿말		존경어	겸양어
行く	가다	いらっしゃる, おいでになる	参る, 伺う, 上がる
来る	오다	いらっしゃる, おいでになる, 見える, お見えになる	参る, 伺う, 上がる
いる	있다	いらっしゃる, おいでになる	おる
飲む・食べる	마시다・먹다	召し上がる, あがる	いただく
もらう	받다	(お受け取りになる)	いただく, ちょうだいする
する	하다	なさる	いたす, (させていただく)
くれる	주다	くださる	
あげる	주다		さしあげる
言う	말하다	おっしゃる	申す, 申し上げる
見る	보다	ご覧になる	拝見する

知っている	알고 있다	ご存じだ	存じておる, 存じ上げる
聞く	묻다, 듣다	(お聞きになる)	伺う, 承る
訪ねる	방문하다	(お訪ねになる)	伺う, お邪魔する, 上がる
会う	만나다	(お会いになる, 会われる)	お目にかかる
寝る	자다	お休みになる	(休ませていただく)
わかる	알다	(おわかりになる)	承知する, かしこまる
買う	사다	(お求めになる)	
着る	입다	(お召しになる)	(着させていただく)
思う	생각하다	(お思いになる, お考えになる)	存じる, 存じあげる
見せる	보여주다	(お示しになる, お見せになる)	お目にかける, (お見せする)
です	~입니다	でいらっしゃいます	でございます
ている	~고 있다	ていらっしゃる	ておる

(　　)의 표현은 특별 경어 동사는 아니지만 해당 동사의 존경 표현 또는 겸양 표현이다.

UNIT 12 Review

1 다음 ______ 부분을 「존경표현」「겸양표현」「정중표현」「특별 경어 동사」 중 적합한 표현을 사용해 경어표현으로 고치세요.

① お飲(の)み物(もの)を選(えら)んでください。

→ ______________________。

② どんなものを探(さが)していますか。

→ ______________________。

③ お兄(にい)さんはいつ結婚(けっこん)しましたか。

→ ______________________。

④ 先生(せんせい)は1時間(いちじかん)ほど前(まえ)に出(で)かけました。

→ ______________________。

⑤ ご迷惑(めいわく)をかけて、申(もう)し訳(わけ)ございません。

→ ______________________。

⑥ 木村(きむら)さんにはいつもお世話(せわ)になっています。

→ ______________________。

⑦ 社長室(しゃちょうしつ)は6階(ろっかい)です。

→ ______________________。

⑧ 先生(せんせい)、先月(せんげつ)借(か)りた本を返(かえ)したいんですが。

→ ______________________。

⑨ 明日(あした)、お宅(たく)を訪問(ほうもん)してもいいでしょうか。

→ ______________

⑩ お名前(なまえ)は何(なん)といいますか。

→ ______________________。

새단어 迷惑めいわくをかける 폐를 끼치다 | 申もうし訳わけございません 죄송합니다 | お世話せわになる 신세를 지다 | お宅たく 댁 | 訪問ほうもん 방문

2 다음 그림을 보고 보기의 단어를 사용해 ① ~ ③은「お～ください」형태로, ④ ~ ⑥은「お～する」형태로 경어표현을 만드세요.

① 

② 

③ 

① どうぞ、＿＿＿＿＿＿＿＿＿＿＿＿＿＿。

② どうぞ、＿＿＿＿＿＿＿＿＿＿＿＿＿＿。

③ どうぞ、＿＿＿＿＿＿＿＿＿＿＿＿＿＿。

④ 

⑤ 

⑥ 

④ ＿＿＿＿＿＿＿＿＿＿＿＿＿＿＿＿＿＿。

⑤ ＿＿＿＿＿＿＿＿＿＿＿＿＿＿＿＿＿＿。

⑥ ＿＿＿＿＿＿＿＿＿＿＿＿＿＿＿＿＿＿。

보기	座る	貸す	めしあがる	持つ	手伝う	入る

3 다음 문장을 일본어로 옮기세요.

① 결혼반지는 어디에서 사셨습니까?

→ ________________________________

② 이 책은 읽으셨습니까?

→ ________________________________

③ 그 책이라면, 제가 가지고 있으니까, 빌려드릴까요?

→ ________________________________

④ 이 책의 저자가 누군지 알고 계십니까?

→ ________________________________

심심풀이 JLPT

4 다음 문장의 (　　)에 들어갈 가장 적합한 말을 하나 고르세요.

① 先生(せんせい)はいつも奥様(おくさま)が(　　　　　)なったお弁当(べんとう)を持(も)ってこられます。

1　ご作りに　　2　作られ　　3　作らされて　　4　お作りに

② (スーパーでのアナウンス)

「ただいまタイムサービスで、うなぎが3割引(さんわりびき)に(　　　　　)。
皆様(みなさま)、どうぞご利用(りよう)ください。」

1　おなりにございます　　2　なってござります
3　なっていただきます　　4　なっております

③ A：来月(らいげつ)、日本(にほん)に出張(しゅっちょう)します。

B：そうですか。いつもメールだけなので、ぜひ(　　　　　)たいですね。

1　拝見し　　2　お目にかけ　　3　おじゃまし　　4　お目にかかり

새단어 著者ちょしゃ 저자 | タイムサービス 타임서비스 | うなぎ 장어 | 皆様みなさま 여러분 | 出張しゅっちょうする 출장 가다

5 보기의 단어를 참고해 (　　)안에 알맞은 경어 표현을 쓰고, 밑줄 친 부분을 해석하세요.

私はデパートで長い間、社員の教育を担当しておりますが、一番力を入れているのは、やはり敬語の教育でございます。最近の若い人たちはだんだん敬語を使わないようになって(왔습니다)。しかし、お客様は神様でございます。お客様に失礼なことがあってはいけません。言葉づかいに失礼がないよう厳しく指導して(있습니다)が、もし(생각나시는)ことがございましたら、ぜひ私のところまで(연락 주십시오)。

해석 → ______________________________

보기 くる　いる　気づく[れる]　連絡する[ご～ください]

새단어 教育きょういく 교육 | 担当たんとう 담당 | 力ちからを入いれる 주력하다, 힘쓰다 | 敬語けいご 경어 | ～ようになる (하)게 되다 | お客様きゃくさま 손님 | 神様かみさま 신 | 失礼しつれいだ 무례하다, 예의없다 | 言葉ことばづかい 말투 | 指導しどうする 지도하다 | 気きづく 알아차리다, 생각나다

생활 속 일본어 PLUS

〈전화〉

자주 쓰이는 표현

私はキム・テウと申します。

田中課長をお願いします。

お電話代わりました。

전화 받을 사람이 부재중일 때

申し訳ありませんが、～

ただいま田中は外出中です。

田中はちょっと席をはずしております。

쉬어가기

요코하마(横浜)

요코하마(横浜)는 도쿄에서 30킬로미터 떨어진 혼슈(本州)의 가나가와 현(神奈川県)에 위치한 이국적인 분위기가 물씬 풍기는 국제적인 항구도시이다.

요코하마의 가장 대표적인 관광명소로는 요코하마 중화가(横浜中華街), 요코하마 랜드마크 타워(横浜ランドマークタワー) 등이 있다. 요코하마항(横浜港)의 개항과 더불어 구미의 상인과 함께 들어온 중국인들이 형성한 일본 최대 규모이자 동남아시아에서 가장 큰 차이나타운인 요코하마 중화가(横浜中華街)는 중화요리점, 식자재상, 잡화점 등의 상점이 즐비하여 항상 많은 관광객들로 북적인다. 이곳에는 북경요리를 비롯하여 상해, 사천, 광동요리 등의 다채로운 중국음식을 맛볼 수 있으며, 중화권의 최대 명절인 춘절을 비롯하여 삼국지의 등장인물인 관우를 기리는 관제 탄생일(関帝の誕生日) 등 다양한 축제가 열린다. 또한 요코하마 랜드마크 타워(横浜ランドマークタワー)는 지상 70층, 296m의 초고층 복합빌딩으로 전면이 유리로 이루어진 전망대인 69층의 스카이 가든(スカイガーデン)에서 보는 요코하마의 야경은 가히 환상적이라고 할 수 있다.

이 외의 관광 명소로는 세계 최대 규모의 대관람차로 유명한 요코하마를 대표하는 테마파크 요코하마 코스모 월드(横浜コスモワールド), 바다를 따라 조성되어 요코하마 항구의 정취를 만끽할 수 있는 임해 도시공원인 야마시타 공원(山下公園), 19세기 유럽풍 스타일의 건물을 재현한 야마테(山手) 지역, 백 년 전 요코하마항의 개항 때의 느낌이 살아있는 마차거리(馬車道) 등이 있다.

부록

한자 쓰기 연습

연습문제 해답

UNIT 01

ちか 近く 근처	近く	近く	こんど 今度 이번, 다음	今度	今度
か 替える 바꾸다	替える	替える	や 止める 그만두다	止める	止める
さいご 最後 최후, 마지막	最後	最後	じどう 自動 자동	自動	自動
はんばいき 販売機 판매기	販売機	販売機	かだ 貸し出し 대출	貸し出し	貸し出し
ねつ 熱 열	熱	熱	なか お腹 배	お腹	お腹
きゅうか 休暇 휴가	休暇	休暇	かない 家内 아내	家内	家内
しんぱい 心配 걱정	心配	心配	むか 迎える 마중하다	迎える	迎える
ちゅうい 注意 주의	注意	注意	ぬ 脱ぐ 벗다	脱ぐ	脱ぐ
さい 歳 나이	歳	歳	ふと 太る 살찌다	太る	太る

ゆき まつ 雪祭り 눈축제	雪祭り	雪祭り	よ やく 予約 예약	予約	予約
う ちゅう 宇宙 우주	宇宙	宇宙	ち きゅう 地球 지구	地球	地球
しつ もん 質問 질문	質問	質問	せんしゅ 選手 선수	選手	選手
き こく 帰国 귀국	帰国	帰国	つか 疲れる 지치다	疲れる	疲れる
か ざん 火山 화산	火山	火山	たず 訪ねる 방문하다	訪ねる	訪ねる

UNIT 02

かんぱい 乾杯 건배	乾杯	乾杯	に もつ 荷物 짐	荷物	荷物
さ 下がる 물러나다	下がる	下がる	しょるい 書類 서류	書類	書類
えんぴつ 鉛筆 연필	鉛筆	鉛筆	どう ろ 道路 도로	道路	道路

す 捨てる 버리다	捨てる	捨てる	みずうみ 湖 호수	湖	湖
ひ で 日の出 일출	日の出	日の出	のぼ 登る 오르다	登る	登る
くうき 空気 공기	空気	空気	かみ 髪 머리카락	髪	髪
す 過ごす 지내다	過ごす	過ごす	ちょうじょう 頂上 정상	頂上	頂上
ぎゅうにゅう 牛乳 우유	牛乳	牛乳	わりかん 割勘 각자 부담	割勘	割勘
じゅぎょうちゅう 授業中 수업중	授業中	授業中	き 切れる 끊어지다	切れる	切れる
でんせん 電線 전선	電線	電線	ゆ お湯 뜨거운 물	お湯	お湯
わ 沸かす 끓이다, 데우다	沸かす	沸かす	もくてき 目的 목적	目的	目的
しゅだん 手段 수단	手段	手段	えら 選ぶ 고르다	選ぶ	選ぶ
め ざ 目覚まし 자명종	目覚まし	目覚まし	おそ 遅い 늦다, 느리다	遅い	遅い
やくそく 約束 약속	約束	約束	おく 遅れる 늦다, 늦어지다	遅れる	遅れる

しつない 室内 실내	室内	室内	りゅうがく 留学 유학	留学	留学
ちょきん 貯金 저금	貯金	貯金	かぞく 家族 가족	家族	家族
だ 出す 꺼내다, 내밀다	出す	出す	は 恥ずかしい 부끄럽다	恥ずかしい	恥ずかしい
まいしゅう 毎週 매주	毎週	毎週	くふう 工夫 궁리, 아이디어	工夫	工夫
ゆうがた 夕方 저녁	夕方	夕方	ほうほう 方法 방법	方法	方法
きおん 気温 기온	気温	気温	かてい 家庭 가정	家庭	家庭

UNIT 03

しゃっきん 借金 빚	借金	借金	ぜんぶ 全部 전부	全部	全部
かえ 返す 돌려주다	返す	返す	な 泣く 울다	泣く	泣く
なら 並べる 죽 늘어놓다	並べる	並べる	あら 洗う 씻다	洗う	洗う
ことば 言葉 말	言葉	言葉	し 知る 알다	知る	知る

しあい 試合 시합	試合	試合	かんこうきゃく 観光客 관광객	観光客	観光客
ふ 増える 늘다	増える	増える	さいきん 最近 최근	最近	最近
ゆにゅうひん 輸入品 수입품	輸入品	輸入品	まち 街 마을, 거리	街	街
ねんねん 年々 매년	年々	年々	がいこく 外国 외국	外国	外国
にんき 人気 인기	人気	人気	のが 逃す 놓치다	逃す	逃す
あさねぼう 朝寝坊 늦잠	朝寝坊	朝寝坊	ちこく 遅刻 지각	遅刻	遅刻
も 燃える 타다	燃える	燃える	かざ 飾る 장식하다	飾る	飾る
ひ 冷やす 식히다	冷やす	冷やす	は 歯 이, 이빨	歯	歯
ねむ 眠い 졸리다	眠い	眠い	にゅうしゃ 入社 입사	入社	入社
いらい 以来 이래	以来	以来	しょうひん 商品 상품	商品	商品
あい 愛 사랑	愛	愛	で 出かける 나가다	出かける	出かける

かぎ 鍵 열쇠	鍵	鍵	ひ だ 引き出し 서랍	引き出し	引き出し
な まえ 名前 이름	名前	名前	のこ 残す 남기다	残す	残す
たいふう 台風 태풍	台風	台風	げんこう 原稿 원고	原稿	原稿
にぎ 握る 쥐다	握る	握る	かんどう 感動 감동	感動	感動

UNIT 04

こ づか 小遣い 용돈	小遣い	小遣い	りっ ぱ 立派だ 훌륭하다	立派だ	立派だ
だい ひょう 代表 대표	代表	代表	たん じょう び 誕生日 생일	誕生日	誕生日
つか かた 使い方 사용법	使い方	使い方	て つだ 手伝う 도와주다	手伝う	手伝う
はじ 初めて 처음으로	初めて	初めて	めいぶつ 名物 명물	名物	名物
しょく ご 食後 식후	食後	食後	しょう がつ お正月 정월	お正月	お正月
とし だま お年玉 세뱃돈	お年玉	お年玉	せんぱい 先輩 선배	先輩	先輩

指輪(ゆびわ) 반지	指輪	指輪	荷物(にもつ) 짐	荷物	荷物
地下鉄(ちかてつ) 지하철	地下鉄	地下鉄	老人(ろうじん) 노인	老人	老人
席(せき) 자리	席	席	少年(しょうねん) 소년	少年	少年
息子(むすこ) 아들	息子	息子	祖父母(そふぼ) 조부모	祖父母	祖父母
案内(あんない) 안내	案内	案内	代(かわ)り 대신	代り	代り
卒業(そつぎょう) 졸업	卒業	卒業	恋人(こいびと) 애인	恋人	恋人
助(たす)ける 돕다	助ける	助ける	守(まも)る 지키다	守る	守る
一時(いちじ) 일시	一時	一時	帰国(きこく) 귀국	帰国	帰国
不安(ふあん)だ 불안하다	不安だ	不安だ	不満(ふまん) 불만	不満	不満
遊園地(ゆうえんち) 유원지	遊園地	遊園地	幸(しあわ)せだ 행복하다	幸せだ	幸せだ

UNIT 05

しょう たいけん 招待券 초대권	招待券	招待券	く く 九九 구구단	九九	九九
おぼ 覚える 외우다	覚える	覚える	じゅう ぶん 十分 충분	十分	十分
けいえいしゃ 経営者 경영자	経営者	経営者	くう き 空気 공기	空気	空気
さくひん 作品 작품	作品	作品	ゆた 豊かだ 풍부하다	豊かだ	豊かだ
こん がっ き 今学期 이번 학기	今学期	今学期	こうはい 後輩 후배	後輩	後輩
こわ 恐い 무섭다	恐い	恐い	さわ 触る 만지다	触る	触る
よ 止す 그만두다	止す	止す	しょう 賞 상	賞	賞
いち ば 市場 시장	市場	市場	じ ぶん 自分 자기 자신	自分	自分
たの 楽しい 즐겁다	楽しい	楽しい	しょく ぶつ 植物 식물	植物	植物
う 植える 심다	植える	植える	くさ 草 풀	草	草

ざっそう 雑草 잡초	雑草	雑草	ち きゅう 地球 지구	地球	地球

UNIT 06

かんさい 関西 관서(지방)	関西	関西	しょう らい 将来 장래	将来	将来
わか 別れる 헤어지다	別れる	別れる	えい かい わ 英会話 영어회화	英会話	英会話
ひ こ 引っ越す 이사하다	引っ越す	引っ越す	やま のぼ 山登り 등산	山登り	山登り
ほん ば 本場 본고장	本場	本場	つづ 続く 계속되다	続く	続く
せいふく 制服 제복, 교복	制服	制服	こ 混む 붐비다	混む	混む
から 辛い 맵다	辛い	辛い	みみ 耳 귀	耳	耳
たてもの 建物 건물	建物	建物	もくぞう 木造 목조	木造	木造
か 変える 바꾸다	変える	変える	ねん まつ 年末 연말	年末	年末
ぜんこくてき 全国的 전국적	全国的	全国的	きび 厳しい 엄하다	厳しい	厳しい

にんげん 人間 인간	人間	人間	くも 雲 구름	雲	雲
てんきん 転勤 전근	転勤	転勤	はなびたいかい 花火大会 불꽃축제	花火大会	花火大会
や 辞める 그만두다	辞める	辞める	し 閉まる 닫히다	閉まる	閉まる
けいかく 計画 계획	計画	計画	き 決める 정하다	決める	決める
ごうかく 合格 합격	合格	合格	どくしょ 読書 독서	読書	読書
いがい 以外 이외	以外	以外	さいしょ 最初 처음, 최초	最初	最初

UNIT 07

わりびき 割引 할인	割引	割引	のかい 飲み会 술모임	飲み会	飲み会
はやねはやお 早寝早起き 일찍 자고 일찍 일어나기	早寝早起き	早寝早起き	とちゅう 途中 도중	途中	途中
み 身 몸	身	身	のだ 乗り出す (몸을) 내밀다	乗り出す	乗り出す
げつまつ 月末 월말	月末	月末	やちん 家賃 월세	家賃	家賃

もんげん 門限 통금 시간	門限	門限	うらな 占う 점치다	占う	占う
しら 調べる 조사하다	調べる	調べる	つ 連れる 데리고가다(오다)	連れる	連れる
すす 進む 전진하다	進む	進む	はし 橋 다리	橋	橋
ひだり がわ 左側 왼쪽	左側	左側	とお 遠い 멀다	遠い	遠い
の ほうだい 飲み放題 음료 무제한	飲み放題	飲み放題	しょう み き げん 賞味期限 유통기한	賞味期限	賞味期限
き かん 期間 기간	期間	期間	ふ つう 普通 보통	普通	普通
ふ そく 不足 부족	不足	不足	せいかつ 生活 생활	生活	生活
む だ づか 無駄遣い 낭비	無駄遣い	無駄遣い	き そく 規則 규칙	規則	規則
そ だい 粗大 거칠고 큼	粗大	粗大	めんきょ 免許 면허	免許	免許
うらめん 裏面 뒷면	裏面	裏面	さい り よう 再利用 재사용	再利用	再利用
かず 数 수	数	数	ふ 増やす 늘리다	増やす	増やす

ぜいきん 税金 세금	税金	税金	とり 鳥 새	鳥	鳥
こうじ 工事 공사	工事	工事	げんば 現場 현장	現場	現場
けんぶつ 見物 구경	見物	見物	と 泊まる 묵다	泊まる	泊まる
み 見える 보이다	見える	見える	けんこう 健康 건강	健康	健康
しゅっぱつ 出発 출발	出発	出発	にちじょう 日常 일상	日常	日常
かいわ 会話 회화	会話	会話	じゅうしょ 住所 주소	住所	住所

UNIT 08

はじ 始まる 시작하다	始まる	始まる	やけい 夜景 야경	夜景	夜景
たし 確か 확실함	確か	確か	かち 価値 가치	価値	価値
じしん 地震 지진	地震	地震	じたく 自宅 자택	自宅	自宅
と お 飛び起きる 벌떡 일어나다	飛び起きる	飛び起きる	さいわ 幸い 다행히	幸い	幸い

ひ がい 被害 피해	被害	被害	しん 信じる 믿다	信じる	信じる
おだ 穏やかだ 온화하다	穏やかだ	穏やかだ	き 効く 효과가 있다	効く	効く
よ 酔う 취하다	酔う	酔う	まよ 迷う 헤매다	迷う	迷う
たお 倒れる 쓰러지다	倒れる	倒れる	に あ 似合う 어울리다	似合う	似合う
きん ちょう 緊張 긴장	緊張	緊張	げいのうじん 芸能人 연예인	芸能人	芸能人
よ なか 夜中 밤중	夜中	夜中	さ 覚める 잠이 깨다	覚める	覚める
こ しょう 故障 고장	故障	故障	よ ほう 予報 예보	予報	予報
れん しゅう 練習 연습	練習	練習	てんきん 転勤 전근	転勤	転勤
ちゅう こう ねん 中高年 중년과 노년	中高年	中高年	じ ゆう 自由 자유	自由	自由
きゅう じつ 休日 휴일	休日	休日	は で 派手だ 화려하다	派手だ	派手だ

UNIT 09

みなと 港 항구	港	港	みお 見下ろす 내려다보다	見下ろす	見下ろす
ふじん 夫人 부인	夫人	夫人	おもだ 思い出す 떠올리다	思い出す	思い出す
なが 眺め 경관	眺め	眺め	じだい 時代 시대	時代	時代
いこく 異国 이국, 외국	異国	異国	ふんいき 雰囲気 분위기	雰囲気	雰囲気
し 知らせる 알리다	知らせる	知らせる	よろこ 喜ぶ 기뻐하다	喜ぶ	喜ぶ
にづく 荷造り 짐을 꾸림	荷造り	荷造り	まか 真っ赤だ 새빨갛다	真っ赤だ	真っ赤だ
そそ 注ぐ 따르다	注ぐ	注ぐ	しかく 資格 자격	資格	資格
まわ 回す 돌다	回す	回す	けしょうひん 化粧品 화장품	化粧品	化粧品
の 延びる 펴지다	延びる	延びる	ふだん 普段 보통, 평소	普段	普段
おこ 怒る 화내다	怒る	怒る	ねだん 値段 가격	値段	値段

ことわ 断る 양해를 구하다	断る	断る	りょう がえ 両替 환전	両替	両替
き せつ 季節 계절	季節	季節	す 済む 끝나다	済む	済む
せんしゃ 洗車 세차	洗車	洗車	ひら 開く 열리다	開く	開く
しょく ひん 食品 식품	食品	食品	あんないじょ 案内所 안내소	案内所	案内所
しょう かい 紹介 소개	紹介	紹介	しゃかい 社会 사회	社会	社会
せいかつ 生活 생활	生活	生活	だい いっ ぽ 第一歩 첫걸음	第一歩	第一歩
き も 気持ち 기분	気持ち	気持ち	つた 伝える 전하다	伝える	伝える
き ほん 基本 기본	基本	基本	え がお 笑顔 미소	笑顔	笑顔
こう い 好意 호의	好意	好意	ふ ゆ かい 不愉快 불쾌	不愉快	不愉快

UNIT 10

たの 頼む 부탁하다	頼む	頼む	お 起こす 깨우다	起こす	起こす

か 噛む 물다, 씹다	噛む	噛む	はっこう 発行 발행	発行	発行
ざんねん 残念 유감	残念	残念	こうこう 高校 고등학교	高校	高校
あか ぼう 赤ん坊 아기	赤ん坊	赤ん坊	こま 困る 곤란하다	困る	困る
と し 都市 도시	都市	都市	しょうぎょう 商業 상업	商業	商業
さか 盛んだ 왕성하다	盛んだ	盛んだ	こうそくせん 高速船 고속선	高速船	高速船
へん じ 返事 답장	返事	返事	ぶっ か 物価 물가	物価	物価
あ 空ける 비우다	空ける	空ける	さ 咲く 피다	咲く	咲く
とっ きゅう 特急 특급	特急	特急	の もの 乗り物 탈 것	乗り物	乗り物
けってい 決定 결정	決定	決定	かいだん 階段 계단	階段	階段
せ なか 背中 등	背中	背中	お 押す 누르다	押す	押す
ころ 転ぶ 구르다	転ぶ	転ぶ	じょう ほう 情報 정보	情報	情報

つうしん 通信 통신	通信	通信	えいせい 衛星 위성	衛星	衛星
と 止まる 멈추다	止まる	止まる	こうつう 交通 교통	交通	交通
じこ 事故 사고	事故	事故	だいじ 大事だ 소중하다	大事だ	大事だ
ぬす 盗む 훔치다	盗む	盗む	た 建てる 짓다, 세우다	建てる	建てる
こわ 壊す 부수다	壊す	壊す	おおごえ 大声 큰 소리	大声	大声
ごぜんちゅう 午前中 오전중	午前中	午前中	ふ 踏む 밟다	踏む	踏む
しか 叱る 혼내다	叱る	叱る	とりひきさき 取引先 거래처	取引先	取引先
たし 確かめる 확인하다	確かめる	確かめる	な 亡くなる 돌아가시다	亡くなる	亡くなる
すす 勧める 권하다	勧める	勧める	へんしん 返信 답장	返信	返信
はっぴょう 発表 발표	発表	発表	あいて 相手 상대	相手	相手
き 聞こえる 들리다	聞こえる	聞こえる	そくど 速度 속도	速度	速度

き と 聞き取る 알아듣다	聞き取る	聞き取る	ないよう 内容 내용	内容	内容
あた 与える 주다, 공급하다	与える	与える	ど りょく 努力 노력	努力	努力

UNIT 11

ねん ぴょう 年表 연표	年表	年表	ひろ 拾う 줍다	拾う	拾う
あん き 暗記 암기	暗記	暗記	にが 苦い 쓰다	苦い	苦い
てん ちょう 店長 점장	店長	店長	た 経つ 지나다	経つ	経つ
れき し 歴史 역사	歴史	歴史	かんしん 関心 관심	関心	関心
くわ 詳しい 상세하다	詳しい	詳しい	じんじゃ 神社 신사	神社	神社
たた 叩く 두드리다	叩く	叩く	いの 祈る 빌다	祈る	祈る
あ 合わせる 맞추다	合わせる	合わせる	くだもの 果物 과일	果物	果物
えい ぎょう ぶ 営業部 영업부	営業部	営業部	うつ 移る 옮기다	移る	移る

れんらく 連絡 연락	連絡	連絡	ひとこと 一言 한마디	一言	一言
なま たまご 生卵 날달걀	生卵	生卵	わ 割る 깨다	割る	割る
と 解く 풀다	解く	解く	えんりょ 遠慮 조심함, 삼가함	遠慮	遠慮
し りょう 資料 자료	資料	資料	き ねん び 記念日 기념일	記念日	記念日
こくみん 国民 국민	国民	国民	ひと ばん じゅう 一晩中 밤새도록	一晩中	一晩中
くうこう 空港 공항	空港	空港	たいいん 退院 퇴원	退院	退院
ぶん か さい 文化祭 문화제	文化祭	文化祭	し かい 司会 사회	司会	司会
ぼうねんかい 忘年会 송년회	忘年会	忘年会	む り 無理 무리	無理	無理
かんとく 監督 감독	監督	監督	しゅうしょく 就職 취직	就職	就職
りん じ 臨時 임시	臨時	臨時	きゅうぎょう 休業 휴업	休業	休業
の だい 飲み代 술값	飲み代	飲み代	かくにん 確認 확인	確認	確認

わら 笑う 웃다	笑う	笑う	じょうし 上司 상사	上司	上司
せんない 船内 선내	船内	船内	しんがっき 新学期 신학기	新学期	新学期
しんにゅうせい 新入生 신입생	新入生	新入生	きゅうきゅうしゃ 救急車 구급차	救急車	救急車

UNIT 12

と 泊まる 숙박하다	泊まる	泊まる	ほんじつ 本日 오늘	本日	本日
よ 呼ぶ 부르다	呼ぶ	呼ぶ	まね 招く 초대하다	招く	招く
きかい 機会 기회	機会	機会	もう 申す 말하다(言う의 겸양어)	申す	申す
ちゅうかがい 中華街 중화가	中華街	中華街	あじ 味 맛	味	味
さいこう 最高 최고	最高	最高	しない 市内 시내	市内	市内
りよう 利用 이용	利用	利用	も 持ち帰る 가지고 감	持ち帰る	持ち帰る
ひが 日替わり 매일 바뀜	日替わり	日替わり	べつべつ 別々 따로따로	別々	別々

とど 届ける 보내다	届ける	届ける	あつ 集まる 모이다	集まる	集まる
はず 外す (자리를) 뜨다	外す	外す	はいけん 拝見 삼가 봄	拝見	拝見
つうか 通過 통과	通過	通過	めいわく 迷惑 민폐	迷惑	迷惑
もうわけ 申し訳 변명, 해명	申し訳	申し訳	せわ 世話 신세, 보살핌	世話	世話
たく お宅 댁	お宅	お宅	ほうもん 訪問 방문	訪問	訪問
ちょしゃ 著者 저자	著者	著者	しゅっちょう 出張 출장	出張	出張
きょういく 教育 교육	教育	教育	たんとう 担当 담당	担当	担当
ちから 力 힘	力	力	けいご 敬語 경어	敬語	敬語
きゃくさま お客様 손님	お客様	お客様	かみさま 神様 신	神様	神様
しつれい 失礼 실례	失礼	失礼	しどう 指導 지도	指導	指導

연습 문제 해답

UNIT 01

1.

① 飲むことができ

② 運転することができ

③ いないんです

④ 痛いんです

⑤ 入りたい

⑥ 遊びたい

⑦ 太るので、甘いものはあまり食べません。

⑧ 寒いので、コートを着ます。

2.

① 焼きそばを作る

② レモンを食べる

③ 8人まで乗る

④ サーフィンが(を)したい

⑤ 雪祭りが(を)見たい

⑥ ワインが(を)飲みたい

3.

① 彼女はピアノもギターも弾くことができます。

② すみませんが、部屋が少し寒いんですが。

③ アフリカに行って動物の写真を撮りたいです。

④ 雪が降るので、地下鉄で行きます。

4.

① 4　② 2　③ 2

5.

정답 : 何が(を)したいですか，疲れたので，
眠りたいです

해석 : 화산이 많은 일본에는 여기저기에 온천이 있습니다.

UNIT 02

1.

① 会いましょう

② 入りましょう

③ 遅れないでください

④ 吸わないでください

⑤ 留学するために、貯金をしています

⑥ 家族と会社のために、働いています

⑦ 小さくし

⑧ 静かになり

2.

① やらないでください

② 登らないでください

③ 食べないでください

④ 帰り

⑤ 飲み

⑥ 聞いてみ

3.

① 今日は暇だから、映画でも見に行きましょう。

② 日曜日にはゴミを出さないでください。

연습문제 해답

③ 皆さんは何のためにアルバイトをしますか。

④ このスカートを少し短くしたいんですが。

4.

① 2　② 4　③ 3

5.

정답 : 過ごすために, 持って行くので, 涼しくなった

해석 : 지금도 물을 뿌리거나 풍경을 달아두는 가정이 있습니다.

UNIT 03

1.

① 売れてしまいます

② 使ってしまった

③ 止めてある

④ 書いてある

⑤ 出かけるところです

⑥ 帰ってきたところです

⑦ おもしろくなってきた

⑧ 増えてきた

2.

① 消してあり

② かけてあり

③ しまってあり

④ 行く

⑤ 切っている

⑥ 飲んだ

3.

① お腹が空いたので、友達の弁当を食べてしまった。

② 子供のノートにはすべて名前が書いてあります。

③ 今、日本料理を習っているところです。

④ 彼女がだんだんかわいく見えてきた。

4.

① 3　② 1　③ 4

5.

정답 : 書いてある, 試合をしているところ, びっくりしてしまいました

해석 : 두 사람 모두 야구를 좋아해서 도쿄돔에도 갔습니다.

UNIT 04

1.

① あげ

② くれ

③ てあげ

④ てあげ

⑤ でくれ

⑥ てあげ

⑦ てくれ

⑧ くれ

⑨ てくれ

⑩ てくれ

⑪ あげ / やら

⑫ てくれ

2.

① 子犬をくれ

② 着物とお茶をくれ

③ アイスクリームをくれ

④ 牛乳とパンをあげ

⑤ 人形をあげ

⑥ コンサートのチケットをあげ

3.

① クリスマスにあなたは私に何をくれますか。

② 父の日にあなたはお父さんに何をあげますか。

③ 友達が私に結婚式の写真を見せてくれた。

④ 私は彼女を守ってあげたい。

4.

① 1　② 1　③ 3

5.

정답 : 連れて行ってくれた, 幸せにしてあげたいです

해석 : 아버지는 지금까지 맛있는 케이크를 만들어서 많은 사람들을 기쁘게 해줘왔습니다.

UNIT 05

1.

① 守ろう。

② 考えよう。

③ 勉強しよう。

④ 帰ると思い

⑤ かわいいと思い

⑥ 来ると思い

⑦ ダイヤのネックレスを買ってもらって

⑧ きれいな後輩を紹介してもらって

2.

① いると

② おもしろいと

③ 親切だと

④ しよう

⑤ 止そう

⑥ 待とう

3.

① 私の妹は学校から努力賞をもらった。

② 会社までゆっくり歩こう(歩いて行こう)。

③ 僕の彼女が一番きれいだと思います。

④ テウはさくらに築地市場を案内してもらった。

4.

① 2　② 2　③ 4

5.

정답 : 教えてもらいました,
覚えたいと思います

해석 : 나는 새로운 식물의 이름을 외울 때마다 친구가 한 명 늘어난 기분이 듭니다.

UNIT 06

1.

① 行こうと思います

② チャレンジしようと思います

③ 行くつもり

④ 着るつもり

⑤ 雪が降るでしょう

⑥ 寒いでしょう

⑦ 辞めるかもしれません

⑧ 嫌いかもしれません

2.

① 食べようと

② 来ようと

③ 見ようと

④ 閉まっているかも

⑤ 落ちるかも

⑥ 浮いているかも

3.

① レポートは明日までに書こうと思っています。

② 今日は何もしないつもりです。

③ おこのみやきは大阪が一番おいしいでしょう。

④ この部屋は冬でも寒くないかもしれません。

4.

① 2　② 4　③ 1

5.

정답 : 大好きになりました, 読むつもりです,
書こうと思っています

해석 : 처음에는 귀찮았지만, 매일 읽으니 아주 책이 좋아졌습니다.

UNIT 07

1.

① 帰れません

② 来(ら)れますか

③ 勉強するようにし

④ 読むようにしてい

⑤ 話さなければなりません

⑥ 払わなければなりません

⑦ 決めてもらいたい

⑧ 来てもらいたい

2.

① 歩け

② 絵がかけ

③ 英語で話せ

④ かぶらなければ

⑤ しなければ

⑥ かけなければ

3.

① 鍵がなくて中に入れません。

② 健康のために毎日運動をするようにします。

③ まずい料理でもお金を払わなければなりませんか。

④ カラオケで彼氏に歌ってもらいたい歌は何ですか。

4.

① 2　② 2　③ 2

5.

정답 : 食べてみてもらいたい, 食べ(ら)れない, 言うかも知れませんね

해석 : 시어서 보고 있는 것만으로도 침이 나오는 매실 장아찌(우메보시)

UNIT 08

1.

① 倒れそうです

② ありそうです

③ 痩せたそうです

④ 好きだそうです

⑤ 痩せたようですね

⑥ 壊れているようです

⑦ 覚めるらしいです

⑧ 得意らしいです

2.

① 倒れそう

② (お)元気そう

③ むずかしそう

④ 住んでいるそう

⑤ きれいだそう

⑥ 広いそう

3.

① 風が強くて火が消えそうです。

② 課長の家は駅から遠いそうです。

③ 私、少し酔ったようです。

④ 自動販売機が故障しているらしい(よう)です。

4.

① 1　② 4　③ 2

5.

정답 : 増えているようです, 言うそうです

해석 : 이제 겨우 자유로운 시간이 생겨서 등산을 즐기고 있습니다.

UNIT 09

1.

① 行けば

② かければ

③ 来なければ

④ 上げると

⑤ 飲むと

⑥ 終わると

⑦ 済んだら

⑧ 帰国したら

⑨ あったら

⑩ 雨なら

⑪ するなら

⑫ 進むなら

2.

① 行くと

② なると

③ 立つと

④ 食べたら

⑤ 着いたら

⑥ 沸いたら

3.

① 結婚すれば、幸せになれると思いますか。

② 冬になると、山から寒い風が吹いてきます。

③ 家に帰ったら、先に手を洗いましょう。

④ 帰国するなら先に私に連絡してください。

4.

① 1　② 4　③ 1

5.

정답 : 聞くと, あいさつすれば, 座ったら

해석 : 사회생활의 첫걸음은 인사입니다. 인사는 서로의 기분을 전달하는 기본이 되는 말입니다.

UNIT 10

1.

① 建てられ

② 壊され

③ 発行され

④ 使われ

⑤ 降られ

⑥ 死なれ

⑦ いくら食べても太りません。

⑧ いくら大声で歌っても大丈夫です。

⑨ 待っていただけませんか。

⑩ 持っていただけませんか。

2.

① 泣かれ

② 踏まれ

③ 叱られ

④ こぼされ

⑤ 来られ

⑥ 降られ

3.

① 私は健太さんに仕事を頼まれました。

② アリバイトの田中くんに休まれて、今日はとても忙しかった。

③ いくら待っても彼は来ませんでした。

④ もう一度確かめて(確認して)いただけませんか。

4.

① 3　② 3　③ 4

5.

정답 : 話されると, いくら, 話しても, 与えることはできません(与えられません)

해석 : 확실하게 입을 벌리지 않으면 무엇을 말하고 있는지 모릅니다.

UNIT 11

1.

① やらせ

② 来させ

③ 食べさせ

④ 飲まされ(飲ませられ)

⑤ 見させられ

⑥ させられ

⑦ 勤めることになり

⑧ することになり

⑨ 送らせていただきます

⑩ 休業させていただきます

2.

① 飲ませて

② 取らせ

③ 払わせ

④ 座らされ(座らせられ)

⑤ 着させられ

⑥ 運ばされ(運ばせられ)

3.

① お母さんは寝る前に子供に歯を磨かせます。

② 彼女は課長に残業させられた。

③ 家賃は月末までに払うことになっています。

④ では、もう一度確認させていただきます。

4.

① 2　② 2　③ 2

5.

정답 : 飲まされた(飲ませられた), 運ばれます, 飲ませると

해석 : 후배의 컨디션을 잘 생각해주는 선배, 그런 선배가 진정한 선배입니다.

UNIT 12

1.

① お選びください

② お探しですか

③ 結婚されましたか

④ お出かけになりました

⑤ ご迷惑をおかけしまして

⑥ お世話になっております

⑦ 6階でございます

⑧ お借りした(ご)本をお返ししたいんですが

⑨ うかがっても

⑩ 何とおっしゃいます

연습문제 해답

2.

① お召(め)し上(あ)がりください。

② お入(はい)りください。

③ お座(すわ)りください。

④ お貸(か)ししましょうか。

⑤ お持(も)ちしましょうか。

⑥ お手伝(てつだ)いしましょうか。

3.

① 結婚指輪(けっこんゆびわ)はどこで(どちらで)買(か)われましたか。

② この本(ほん)はお読(よ)みになりましたか。

③ この本(ほん)なら、私(わたし)が持(も)っているから、お貸(か)ししましょうか。

④ この本(ほん)の著者(ちょしゃ)がどなたかご存知(ぞんじ)ですか。

4.

① 4　② 4　③ 4

5.

정답 : まいりました, おります,
気(き)づかれた, ご連絡(れんらく)ください

해석 : 가장 주력하고 있는 것은, 역시 경어 교육입니다.